中国社会科学院国情调研特大项目"精准扶贫精准脱贫百村调研"

精准扶贫精准脱贫百村调研丛书

CASE STUDIES OF TARGETED POVERTY REDUCTION AND
ALLEVIATION IN 100 VILLAGES

李培林／主编

精准扶贫精准脱贫
百村调研·六户村卷

"两挂车""三张网"实现脱贫

嵇平平／著

社会科学文献出版社

SOCIAL SCIENCES ACADEMIC PRESS (CHINA)

中国社会科学院国情调研特大项目
"精准扶贫精准脱贫百村调研"
项目协调办公室

主　任：王子豪
成　员：檀学文　刁鹏飞　闫　珺　田　甜　曲海燕

总　序

　　调查研究是党的优良传统和作风。在党中央领导下，中国社会科学院一贯秉持理论联系实际的学风，并具有开展国情调研的深厚传统。1988 年，中国社会科学院与全国社会科学界一起开展了百县市经济社会调查，并被列为"七五"和"八五"国家哲学社会科学重点课题，出版了《中国国情丛书——百县市经济社会调查》。1998 年，国情调研视野从中观走向微观，由国家社科基金批准百村经济社会调查"九五"重点项目，出版了《中国国情丛书——百村经济社会调查》。2006 年，中国社会科学院全面启动国情调研工作，先后组织实施了 1000 余项国情调研项目，与地方合作设立院级国情调研基地 12 个、所级国情调研基地 59 个。国情调研很好地践行了理论联系实际、实践是检验真理的唯一标准的马克思主义认识论和学风，为发挥中国社会科学院思想库和智囊团作用做出了重要贡献。

　　党的十八大以来，在全面建成小康社会目标指引下，中央提出了到 2020 年实现我国现行标准下农村贫困人口脱贫、贫困县全部"摘帽"、解决区域性整体贫困的脱贫攻坚目标。中国的减贫成就举世瞩目，如此宏大的脱贫目标世所罕见。到 2020 年实现全面精准脱贫是党的十九大提出的三大攻坚战之一，是重大的社会目标和政治任务，中国的贫困地区在此期间也将发生翻天覆地的变化，而变化的过程注定不会一帆风顺或云淡风轻。记录这个伟大的过程，总结解决这个世界性难题的经验，为完成这个攻坚战献计献策，是社会科学工作者应有的责任担当。

2016 年，中国社会科学院根据中央做出的"打赢脱贫攻坚战"战略部署，决定设立"精准扶贫精准脱贫百村调研"国情调研特大项目，集中优势人力、物力，以精准扶贫为主题，集中两年时间，开展贫困村百村调研。"精准扶贫精准脱贫百村调研"是中国社会科学院国情调研重大工程，有统一的样本村选择标准和广泛的地域分布，有明确的调研目标和统一的调研进度安排。调研的 104 个样本村，西部、中部和东部地区的比例分别为 57%、27% 和 16%，对民族地区、边境地区、片区、深度贫困地区都有专门的考虑，有望对全国贫困村有基本的代表性，对当前中国农村贫困状况和减贫、发展状况有一个横断面式的全景展示。

在以习近平同志为核心的党中央坚强领导下，党的十八大以来的中国特色社会主义实践引导中国进入中国特色社会主义新时代，我国经济社会格局正在发生深刻变化，脱贫攻坚行动顺利推进，每年实现贫困人口脱贫 1000 多万人，贫困人口从 2012 年的 9899 万人减少到 2017 年的 3046 万人，在较短时间内实现了贫困村面貌的巨大改观。中国社会科学院组建了一百支调研团队，动员了不少于500名科研人员的调研队伍，付出了不少于3000个工作日，用脚步、笔尖和镜头记录了百余个贫困村在近年来发生的巨大变化。

根据规划，每个贫困村子课题组不仅要为总课题组提供数据，还要撰写和出版村庄调研报告，这就是呈现在读者面前的"精准扶贫精准脱贫百村调研丛书"。为了达到了解国情的基本目的，总课题组拟定了调研提纲和问卷，要求各村调研都要执行基本的"规定动作"和因村而异的"自选动作"，了解和写出每个村的特色，写出脱贫路上的风采以及荆棘！对每部报告我们都组织了专家评审，由作者根据修改意见进行修改，直到达到出版要求。我们希望，这套丛书的出版能为脱贫攻坚大业写下浓重的一笔。

中共十九大的胜利召开，确立习近平新时代中国特色社会主义思想作为各项工作的指导思想，宣告中国特色社会主义进入新时代，中央做出了社会主要矛盾转化的重大判断。从现在起到2020年，既是全面建成小康社会的决胜期，也是迈向第二个百年奋斗目标的历史交会期。在此期间，国家强调坚决打好防范化解重大风险、精准脱贫、污染防治三大攻坚战。2018年春节前夕，习近平总书记到深度贫困的四川凉山地区考察，就打好精准脱贫攻坚战提出八条要求，并通过脱贫攻坚三年行动计划加以推进。与此同时，为应对我国乡村发展不平衡不充分尤其突出的问题，国家适时启动了乡村振兴战略，要求到2020年乡村振兴取得重要进展，做好实施乡村振兴战略与打好精准脱贫攻坚战的有机衔接。通过调研，我们也发现，很多地方已经在实际工作中将脱贫攻坚与美丽乡村建设、城乡发展一体化结合在一起开展。可以预见，贫困地区的脱贫攻坚将不再只局限于贫困户脱贫，我们有充分的信心从贫困村发展看到乡村振兴的曙光和未来。

是为序！

全国人民代表大会社会建设委员会副主任委员

中国社会科学院副院长、学部委员

2018 年 10 月

前　言

　　消除贫困是人类自古以来的理想，是人类的共同使命，也是当今世界面临的最大的全球性的挑战。中国的消除贫困行动取得了举世瞩目的成就，为全球减贫事业做出了重大贡献。

　　党的十八大以来，党中央把解决农村贫困问题提升到巩固党的执政基础、保持国家长治久安和全面建成小康社会的高度，实施精准扶贫战略，全力推进农村扶贫。

　　2015 年 11 月，中共中央、国务院发布《关于打赢脱贫攻坚战的决定》，提出了更高的脱贫目标，到 2020 年，稳定实现农村贫困人口不愁吃、不愁穿，义务教育、基本医疗和住房安全有保障。实现贫困地区农民人均可支配收入增长幅度高于全国平均水平，基本公共服务主要领域指标接近全国平均水平。确保我国现行标准下农村贫困人口实现脱贫，贫困县全部摘帽，解决区域性整体贫困。同月，中共中央提出《关于制定国民经济和社会发展第十三个五年规划的建议》，要求实施脱贫攻坚工程，实施精准扶贫、精准脱贫，因人因地施策，提高扶贫实效。

　　2016 年国务院组织编制了《"十三五"脱贫攻坚规

划》，中办、国办就落实《中共中央国务院关于打赢脱贫攻坚战的决定》制定了10个配套文件，32个牵头部门和77个参与部门共出台118个政策文件或实施方案。各行业部门将扶贫内容纳入"十三五"行业专项规划优先安排。《关于打赢脱贫攻坚战的决定》发布后，各地党委和政府认真研究落实。各地普遍结合"十三五"规划，编制省级"十三五"脱贫攻坚规划，出台包括一个全面推进脱贫攻坚的文件以及若干个配套文件在内的"1+N"精准脱贫系列文件。从省市到县乡，各级党委和政府都由主要领导亲自挂帅，负起全责，并层层督促，层层落实。按照精准脱贫要求，各地脱贫方案和脱贫责任落实到每个贫困村和每个贫困户。

在这一大背景下，中国社会科学院启动了精准扶贫精准脱贫全国百村国情调研特大项目。

开展百村调研的目的在于及时了解和展示我国处于脱贫攻坚战最前沿的贫困村的贫困状况、精准识别的状况、社会经济目标实现的程度，从村庄脱贫的实践中总结当前精准扶贫和精准脱贫的经验教训，为进一步的精准脱贫事业提供经验和政策借鉴。

我国减贫脱贫的任务十分艰巨，还需下大力气进行扶贫攻坚和扶贫的深入研究。在扶贫研究中，大多数是从全国、省、市、县级等宏观层面展开的，从微观层面进行的专门研究成果较少，中国社会科学院对在全国范围内分区域（东部、中部、西部）、分省份、分扶贫攻坚片、分民族地区、分边境地区抽取的一百多个村庄进行扶贫调研，具体而微地研究扶贫最前沿的百个村庄，对于扶真贫、真扶贫，脱真贫、真脱贫具有十分重要的现实意义和实践意义，为服务中央决策和国家"十三五"规划精准脱贫大局、延展中国社科院国情调研传统以及丰富中国特色社会主义理论提供经验素材。

调查资料来源有三：一是中国社会科学院国情调研特大项目"精准扶贫精准脱贫百村调研"对内蒙古突泉县六户村《行政村调查问卷》和《住户调查问卷》的数据资料；二是对县、镇、村各级扶贫干部以及村民的访谈资料；三是收集的县、乡镇、村庄的扶贫工作的相关资料。

本研究利用简单的统计分析方法、比较分析方法以及个案访谈定性分析方法，描述分析了六户村村民的贫困状况、贫困成因、精准识别及扶贫脱贫反贫困的状况和过程，总结了六户村在扶贫工作中的经验，提出了扶贫实践中存在的问题和解决问题的途径。

研究发现，第一，六户村贫困户的识别是在多次动态调整和数据清洗的过程中逐步细化、逐渐完善渐趋精准的。第二，贫困户主要的致贫原因，首先是生病，其次为缺乏劳动力，再次为自身发展动力不足，其他为上学、缺土地、缺技术、缺资金等。第三，在扶贫工作动态调整中，贫困户对本村贫困户的选择有 60% 的人认为比较合理，对政府在本户安排的扶贫措施比较认可，对扶贫的效果评价比较分散。非贫困户对调整的结果以及对调整程序不满意所占的比重比较高，对贫困户的选择是否合理的评价比较分散，对政府在本村安排的各项扶贫措施以及对本村扶贫效果的评价中"说不清楚"的比重较高。第四，2015 年以来贫困户得到的帮扶措施，主要体现在公共服务、社会事业和基础设施建设上，如低保补助、疾病补助、危房改造等，其中得到低保补助的贫困户占比最高达到 63.3%。

调查中发现六户村存在以下问题：一是产业扶贫的政策落实不到位，产业扶贫项目后续的可持续发展问题没有解决；二是职业技术教育还处于空白状态，不适应产业壮大后对技术技能型人才的需求；三是镇卫生院管理不到位，不能在健康扶贫中起到一定作用。反映在检查督查考评扶贫工作中，一是各级检查多，基层制表填表多，基层耗费了大量精力，不能集中精力搞扶贫；二是检查督查考评扶贫工作的人员不够专业；三是各级检查督查考评的评判标准不一；四是扶贫干部队伍不稳定，流失现象常有发生。

要打赢脱贫攻坚战实现脱贫目标，本研究认为，六户村应尽快落实产业扶贫政策，在保证产供销"一条龙"扶贫项目的可持续发展上，再做深入的工作；挖掘地方资源优势，创办龙头企业，创造就业机会，为贫困户的持久脱贫提供保障；未雨绸缪实施职业技术培训；从长计议发展农村教育事业；强化基层扶贫队伍能力，把真心能为村民做事的人选进村委班子，把引领能力强、关心百姓疾苦的人充实进扶贫工作队伍；改善镇医院环境，提高医院管理水平和医生技术水平；提高健康意识；美化居住环境。

针对检查督查考评扶贫工作中出现的问题，一要克服形式主义，减轻基层负担；二要建立一支专业的督查考评队伍；三要稳定扶贫干部队伍。

本课题调查还发现以下有待研究细化的问题，基层的扶贫工作需要上级相关部门及时出台有针对性的解决措施和方案。一是政策"悬崖效应"引发新矛盾的问题，二是脱贫后如何施策的问题，三是退伍兵的扶贫问题，四是扶懒汉的问题，五是不养老人的问题，六是群众满意度低的问题，七是干部和群众的思想问题。

目 录

第一章

导　言

第一节　调研的目的和意义

一　调研背景

　　消除贫困是人类自古以来的理想，是人类的共同使命，也是当今世界面临的最大的全球性的挑战。中国的消除贫困行动取得了举世瞩目的成就，为全球减贫事业做出了重大贡献。2014 年，联合国粮农组织给中国政府颁发了"实现千年发展目标成就奖"，以表彰我国在全球第一个实现"将饥饿人口比例减半"的目标。2015 年，联合国粮农组织再次向中国政府颁发"实现世界粮食首脑会议目标成就奖"，以表彰我国如期实现了"到 2015 年将营养不良人口减少一半"的目标。

改革开放 40 多年以来，我国稳定解决了十几亿人的温饱问题，总体上实现小康，人民生活不断改善。在经济社会全面发展的背景下，如何使农村贫困人口更快地摆脱贫困，成为党和政府的关注重点。党的十八大以来，党中央把解决农村贫困问题提升到巩固党的执政基础、保持国家长治久安和全面建成小康社会的高度，实施精准扶贫战略，全力推进农村扶贫。

2014 年 1 月，中共中央办公厅、国务院办公厅发布《关于创新机制扎实推进农村扶贫开发工作的意见》，要求建立精准扶贫工作机制，给每个贫困村和贫困户建档立卡，为每个贫困村和每户贫困家庭制定帮扶措施，使他们在规定时间内尽早实现稳定脱贫的目标。2014 年 5 月，国务院扶贫开发领导小组办公室和中央农办等七部门联合发布《建立精准扶贫工作机制实施方案》，提出实现扶贫到村到户的目标，要求在扶贫工作中实行精准识别、精准帮扶、精准管理和精准考核。

2015 年 11 月，中共中央、国务院发布《关于打赢脱贫攻坚战的决定》，提出了更高的脱贫目标，即"到 2020 年，稳定实现农村贫困人口不愁吃、不愁穿，义务教育、基本医疗和住房安全有保障。实现贫困地区农民人均可支配收入增长幅度高于全国平均水平，基本公共服务主要领域指标接近全国平均水平。确保我国现行标准下农村贫困人口实现脱贫，贫困县全部摘帽，解决区域性整体贫困"。在对贫困人口实行精准识别和建档立卡的基础上，根据扶持对象精准、项目安排精准、资金使用精准、措施到户精准、因村派人精准、脱贫成效精准的工作标准，采取多种形式实现脱贫目标。《关于打赢脱贫攻坚战的决定》要求发展特色产业脱贫、引导劳务输出脱贫、结合生态保护脱贫、实施易地搬迁脱贫、着力加强教育脱贫、开展医疗保险和医疗救助脱贫、实行农村最低生活保障制度兜底脱贫、探索资产收益扶贫，并健全留守儿童、留守妇女、留守老人和残疾人关爱服务体系。同月，中共中央提出《关于制定国民经济和社会发展第十三个五年规划的建议》，要求实施脱贫攻坚工程，实施精准扶贫、精准脱贫，因人因地施策，提高扶贫实效。

2016年国务院组织编制了《"十三五"脱贫攻坚规划》，中办、国办就落实《中共中央国务院关于打赢脱贫攻坚战的决定》制定了10个配套文件，32个牵头部门和77个参与部门共出台了118个政策文件或实施方案。各行业部门将扶贫内容纳入"十三五"行业专项规划优先安排。《关于打赢脱贫攻坚战的决定》发布后，各地党委和政府认真研究落实。各地普遍结合"十三五"规划，编制省级"十三五"脱贫攻坚规划，出台包括一个全面推进脱贫攻坚的文件以及若干个配套文件在内的"1+N"精准脱贫系列文件。从省市到县乡，各级党委和政府都由主要领导亲自挂帅，负起全责，并层层督促，层层落实。按照精准脱贫要求，各地脱贫方案和脱贫责任落实到每个贫困村和每个贫困户。

在这一大背景下，中国社会科学院实施了精准扶贫精准脱贫全国百村调研国情调研特大项目。

二 调研目的

2015 年 11 月，中共中央国务院做出《关于打赢脱贫攻坚战的决定》，我国脱贫攻坚目标不仅局限于农村贫困人口人均年收入达到 2300 元（2010 年不变价）。除了达到这个最低收入标准外，脱贫攻坚还要实现更广泛的经济社会目标：明显提高农田基础设施建设水平；初步构建特色支柱产业体系；进一步提高农村饮水安全保障程度和自来水普及率；全面解决无电人口用电问题；实现具备条件的建制村通沥青（水泥）路，推进村庄内道路硬化，实现村村通班车，全面提高农村公路服务水平和防灾抗灾能力；贫困地区群众的居住条件得到显著改善；基本普及学前教育，进一步提高义务教育水平，普及高中阶段教育，加快发展远程继续教育和社区教育；贫困地区县、乡、村三级医疗卫生服务网基本健全，每个乡镇有 1 所政府创办的卫生院，每个行政村有卫生室；实现新型农村合作医疗和门诊统筹全覆盖，逐步提高儿童重大疾病的保障水平，有效控制重大传染病和地方病；贫困地区群众获得公共卫生和基本医疗服务更加均等；全面实现广播电视户户通；自然村基本实现通宽带；实现新型农村社会养老保险制度全覆盖；贫困地区森林覆盖率比 2010 年底增加 3.5 个百分点。在这些具体的扶贫目标引导下，开展百村调研能及时了解和展示我国处于脱贫攻坚战最前沿的贫困村的贫困状况、精准识别的状况、社会经济目标实现的程度，了解与具体目标的差距，从村庄脱贫的实践中总结当前精准扶贫和精准脱贫的经验教训，为进一步的精准脱贫事业提供经验和政策借鉴。

三 调研意义

据国家统计局发布的《2015 年国民经济和社会发展统计公报》显示，2015 年我国农村贫困人口为 5575 万人，全国 31 个省（区、市）农村贫困人口超过 30 万的有 26 个，有 8 个省（区）贫困人口在 300 万以上，要在 2020 年完成脱贫任务，意味着每年要减少贫困人口 1100 多万人。据国务院扶贫办的数据显示，截至 2015 年底，我国还有 12.8 万个贫困村分布在 14 个连片区的 592 个贫困县。从贫困程度上看，全国还有 1000 多万农村贫困人口居住在不具备基本生产生活条件的地区。有 652 万贫困户饮水困难，580 万户饮水不安全。有 33 万个自然村不通硬化路，有 3.7% 的农户居住于竹草土坯房。我国减贫脱贫的任务十分艰巨，还需下大力气进行扶贫攻坚和扶贫的深入研究。以往的扶贫研究多从全国、省、区、县级等宏观的层面上展开，在微观的村庄层面进行的扶贫研究还不多见，中国社会科学院启动在全国范围内分区域（东部、中部、西部）、分省份、分扶贫攻坚片、分民族地区、分边境地区抽取的 100 多个村庄进行扶贫调研，具体而微地研究扶贫最前沿的百个村庄，对于扶真贫、真扶贫，脱真贫、真脱贫具有十分重要的现实意义和实践意义。对服务中央决策和国家"十三五"

规划精准脱贫大局，延展中国社科院国情调研传统以及丰富中国特色社会主义理论提供经验素材。

第二节　研究的内容与方法

一　研究内容

本研究利用中国社会科学院国情调研项目"精准扶贫精准脱贫百村调研"对内蒙古突泉县六户村《行政村调查问卷》和《住户调查问卷》的数据资料，以及对县、镇、村各级扶贫干部以及村民的访谈资料，结合收集的县、乡镇、村庄的扶贫工作的相关资料，描述分析了以下几个方面的内容：第一，六户村的自然地理、人口就业、经济发展、村庄治理等方面的状况。第二，六户村贫困户精准识别与扶贫措施实施的状况。第三，六户村贫困户与非贫困户的家庭、住房、生活、健康、劳动就业、政治参与等方面的状况。第四，从村庄的扶贫实践中总结当前精准扶贫精准脱贫工作中的经验和存在的问题。第五，提出解决扶贫工作中问题的对策与建议。

二　研究方法

本课题采用问卷调查的方法对六户行政村和六户村住

户进行调查，由村委填写《行政村调查问卷》，由调查员入户调查填写《住户调查问卷》。问卷调查采用随机抽样方法，将六户村所有住户分成建档立卡贫困户和非贫困户两组作为抽样框，随机起点等距抽样，两组分别抽取 30 户进行住户问卷调查。采取深度访谈方法和召开小型座谈会的方法对县、镇、村各级扶贫干部以及村民代表进行访谈，获得基层扶贫工作的第一手资料。利用简单的统计分析方法和比较分析方法对问卷进行描述和分析，总结贫困状况及其演变、贫困的成因、减贫的历程和成效。

第三节　研究结论

本课题有以下发现。

第一，六户村贫困户的识别是在多次动态调整和数据清洗的过程中逐步细化、逐渐完善渐趋精准的。

第二，贫困户主要的致贫原因，首先是生病，其次为缺乏劳动力，再次为自身发展动力不足，其他为上学、缺土地、缺技术、缺资金。

第三，非贫困户对扶贫工作的评价。对调整的结果"不满意"的达 71.4%，"满意"的为 28.6%，对结果"无所谓"的为 0。对政府为本村安排的各项扶贫措施认为"很合理"和"比较合理"的两者合计占比 33.3%，认为

"不太合理""很不合理"的两者合计占比33.3%，认为"一般"和"说不清"的各占16.7%，数据说明，多数非贫困户对政府为本村安排的各项扶贫措施不持充分的肯定态度。对贫困户的选择认为"很合理"和"比较合理"的两者合计占比26.7%，认为"不太合理""很不合理"的两者合计占比36.7%，认为"一般"和"说不清"的两者合计占比36.7%，数据说明，多数非贫困户对贫困户的选择是否合理不持充分的肯定态度。对本村扶贫效果的评价中，认为"很好""比较好"的两者总计占比为33.4%，认为"不太好""很不好"的两者总计占比为20%，认为"一般"的占比20%，"说不清"的占比最高为26.6%，数据说明，多数非贫困户对本村扶贫效果的评价持不肯定的态度。在所调查的2016年底为非建档立卡户中，有43.4%的户享受过扶贫政策，其中有脱贫户，有非贫困户，享受到的扶贫政策有"十个全覆盖时扣彩钢房顶""低保补助""盖蔬菜大棚""入股养羊分红""煤炭补贴""给困难户200元补贴""一袋米一袋面"等。也有脱贫户没有享受过扶贫政策。

第四，贫困户对扶贫工作的评价。对本村贫困户的选择认为"比较合理"的居多数，占比60%，认为"非常合理"的占比为3.3%，两者合计63.3%，说明大多数建档立卡户对本村贫困户的选择是满意的。对政府为本村安排扶贫项目认为"比较合理"的占比最高达53.3%，认为"非常合理"的占比10%，两者合计达63.3%；认为"很不合理"的为0；认为"一般"和"不太合理"的两者总计为 23.4%，总体说明对政府为本村安排的扶贫项目大部分贫困户是认可的。对本村扶贫效果的评价认为"比较好"的占比 36.7%，认为"非常好"的为 13.3%，两者占比为 50%，认为"一般"的占比为 30%，认为"很不好"的占比 3.3%，"说不清"的占比 16.7%，总体看对本村扶贫效果的认可度一般。为本户安排的扶贫措施认为"比较适合"的占比 50%，认为"非常适合"的占比 13.3%，两者合计为 63.3%，说明多数贫困户比较认可对本户安排的扶贫措施。对本户扶贫效果的评价中，认为"比较好"的占比最高为 33.3%，认为"非常好"的占比为 10%，认为"一般"的占比为 20%，认为"不太好"和"很不好"的两者合计为 26.7%，数据说明，到目前为止，扶贫的效果还没有显现出来，虽然贫困户对扶贫措施的安排比较认可。

本课题调查发现，扶贫工作中还存在一些问题，表现在六户村中，一是产业扶贫的政策落实不到位，产业扶贫项目后续的可持续发展问题没有解决；二是职业技术教育还处于空白状态，不适应产业壮大后对技术技能型人才的需求；三是镇卫生院管理不到位，不能在健康扶贫中起到一定作用。反映在检查督查考评扶贫工作中，一是各级检查多，基层制表填表多，基层耗费了大量精力，不能集中精力搞扶贫；二是检查督查考评扶贫工作的人员不够专业；三是各级检查督查考评的评判标准不一；四是扶贫干部队伍不稳定，扶贫干部流失现象时有发生。

有待研究细化的问题为：政策"悬崖效应"引发新矛盾；脱贫后如何施策问题；退伍兵的扶贫问题；扶懒汉的问题；不养老人的问题；群众满意度低的问题；干部和群众的思想问题。

第二章

六户村概况及反贫困状况

第一节　六户村概况

六户村隶属于内蒙古兴安盟突泉县六户镇。

突泉县位于兴安盟中南部，全县总面积 4889.5 平方公里，辖 6 镇、3 乡、188 个行政村、464 个自然屯。总人口30.3 万人，其中农业人口 21.6 万人，居住着汉、蒙古、满等 14 个民族。是自治区重点扶持的革命老区、国家集中连片特困地区和国家扶贫开发工作重点县。六户镇位于突泉县西北部，距县政府所在地 41 公里，辖 34 个村、106个自然屯、1 个国营苗圃、1 个社区，总户数 18951 户，总人口 52658 人。民族以蒙古族、满族为主，少数民族约占全镇总人口的 30%。

六户镇辖区总面积 763.8 平方公里，耕地总面积 34.5 万亩，草牧场总面积 48.7 万亩，林地总面积 50.7 万亩，人均耕地面积 6.5 亩。六户镇是全县人口大镇、"三乡"合一的民族乡镇。六户镇以种植业和养殖业为主导产业，年产粮食 11 万吨，牲畜存栏 20 万头（只），也是全县的农业、牧业重镇。

一　自然地理

六户村位于内蒙古兴安盟突泉县六户镇政府所在地（见图 2-1），六户村为非重点贫困村。六户村地貌条件为丘陵地区，村域面积 21 平方公里。有 1 个自然村，4 个

图 2-1　六户村的繁华商业区

注：本书照片除特殊标注外，均为嵇平平拍摄，2017 年 11 月。

村民组，没有经历过行政村合并。距离突泉县城 40 公里，距离镇政府 0.5 公路，距离最近的车站 0.5 公里，连接突泉县城与乌兰浩特市的 111 国道贯通全镇，以乌永线、突六线为主干的县镇公路已并入国家公路网络。

二 人口与就业

（一）人口

截至调查时点，六户村共有 739 户，其中，建档立卡贫困户 117 户，实际贫困户 117 户，建档立卡户占全村总户数的 15.8%。低保户 199 户，占全村总户数的 26.9%。五保户 18 户，占全村总户数的 2.4%。少数民族 167 户，占全村总户数的 22.6%。无外来人口户。总人口为 2114 人，其中，建档立卡贫困人口 256 人，实际贫困人口 256 人，建档立卡贫困人口占全村总人口的 12.1%。低保人口 399 人，占全村总人口的 18.9%。五保人口数 18 人，占全村总人口的 0.85%。少数民族人口数 667 人，占全村总人口的 31.6%。无外来人口、文盲半文盲人口和残疾人。

（二）就业

常住人口为 1585 人，占全村总人口的 75.0%。劳动力 1203 人，占全村总人口的 56.9%。外出半年以上劳动力 303 人，占劳动力总数的 25.2%，其中，举家外出 154 户，共 554 人，外出半年以上劳动力 406 人，外出到省外劳动力

406 人，外出到省内县外的劳动力 303 人，外出人员从事的主要行业为制造业，外出务工人员中途返乡人数为 0 人，定期回家务农的外出劳动力 98 人，初中毕业未升学的新成长劳动力 21 人，高中毕业未升学的新成长劳动力 9 人，参加"雨露计划"的 0 人，参加雨露计划"两后生"培训 0 人。

三　土地资源及利用

六户村共有耕地面积 7673 亩，其中有效灌溉面积 6100 亩。无果园、茶园等园地。林地面积 10936 亩，其中退耕还林面积 721.63 亩。牧草地面积 9595 亩。无畜禽饲养地、无养殖水面、无农用地中属于农户自留地、无未发包集体耕地。在第二轮土地承包期内土地没进行调整。2016 年底土地确权登记发证面积为 7673 亩。农户对外流转耕地面积 1810 亩。参与耕地林地等流转农户共 301 户。村集体对外出租耕地面积 99 亩。本村土地流转平均租金为 200 元／亩。无全年国家征用耕地、无农户对外流转山地林地面积、全村没有闲置抛荒耕地。

四　经济发展

（一）经营主体与集体企业

2016 年六户村农民年人均纯收入为 5500 元，有 1 个农民合作社，4 个餐饮企业，5 个批发零售、超市、小卖部。

没有家庭农场、专业大户、农业企业、加工制造企业，也没有集体企业和其他企业。

（二）农民合作社

六户村有 1 个振兴农机专业合作社，领办人为村干部王耀云，成立于 2013 年 7 月，成立时有社员 10 户，目前仍有 10 户社员，业务范围为农机服务，靠出租灭茬机、收割机、大犁、打包机等农业机械盈利，据村书记介绍，每年有 1 万 ~2 万元的收入。

（三）农业生产

六户村的主要种植作物为玉米，种植面积为 6500 亩，单产 350 公斤 / 亩，市场均价为 0.8 元 / 公斤，每年耕作起止月份为 4 月和 10 月。主要养殖牲畜为猪、羊、牛。出栏量：猪 500 头、羊 1619 头、牛 34 头。平均毛重：猪为 100 公斤 / 头、羊 35 公斤 / 头、牛 350 公斤 / 头。市场均价：猪 19 元 / 公斤、羊 5 元 / 公斤、牛 20 元 / 公斤。

五　社区设施和公共服务

（一）道路交通

通村道路主要为硬化路，全长 5 公里，路面宽 6 米，未硬化路段 0 公里。村内通组道路长 15 公里，未硬化路段 2 公里。村内无路灯。

（二）电视通信

村内没有有线广播。村委有联网电脑。使用卫星电视的有 585 户。家中没有电视的有 2 户。家中有电脑的共 300 户且均能联网。没有人使用有线电视。家中未通电话也无手机的户数为 0。使用智能手机的有 1080 人，手机信号覆盖范围达 100%。

（三）妇幼、医疗保健

村内没有卫生室，距离最近的镇卫生院 1 公里。村内无药店，村内没有医生和接生员。

2016 年，0~5 岁儿童死亡人数为 0，孕产妇死亡人数为 0，自杀人数为 0。当前身患大病的有 11 人。村内没有敬老院，有 3 位老人在村外敬老院居住。

（四）生活设施

村内已通民用电的有 586 户，民用电电价 0.5 元 / 度，当年停电次数为 0。村内没有垃圾池、没有垃圾箱，不能集中处理垃圾。没有使用沼气池的农户。

村集中供应自来水，覆盖全村 100% 用户，其中有 99 户也在兼用管道供水。自来水单价 3 元 / 吨。自来水为地下井水，非净化处理的自来水。没有水窖。没有饮水困难户。

（五）居民住房情况

户均宅基地面积为 500 平方米，无违规占用宅基地建房。楼房所占的比例为 0.01%，砖瓦房、钢筋水泥房所占比例为 50%。竹草土坯房的有 41 户，危房的有 226 户，空置一年或更久宅院有 3 户。房屋出租的有 10 户，月均房租 1 元 /10 平方米。

（六）社会保障

参加新型合作医疗的共有 585 户，占全村总户数的 79.2%，共计 1631 人，缴费标准为 120 元 / 人。参加社会养老保险的共有 308 户，占全村总户数的 41.7%，共计 594 人。低保人数为 399 人。五保供养人数为 18 人，其中，集中供养人数为 3 人，集中与分散供养相结合的五保人数共计 15 人，村集体为五保供养出资 0 元。2016 年全村获得国家救助 0 元，村集体帮助困难户年出资 0 元。

（七）农田水利

近年平均年降水量 30 毫米，主要灌溉水源是地下水，在正常年景下水源有保障。无排灌站，无生产用集雨窖，无水渠，有机电井 21 眼。

六 村庄治理与基层民主

（一）村庄治理结构

全村共有 40 名党员，其中 50 岁以上的有 21 人，占党员总数的 52.5%；具有高中及以上文化的党员有 4 人，占党员总数的 10%。没有党员代表会议。有 1 个党小组。村支委会由 1 位支部书记、2 位支部委员 3 人组成。村民委员会由村主任、妇女主任、村委委员 3 人组成。村"两委"交叉任职人数 1 人，为支部委员兼妇女主任。村民代表 33 人，其中属于村"两委"的有 5 人。村务监督委员会由 3 人组成，这 3 人不是村"两委"成员，均为村民代表。没有民主理财小组。

（二）村"两委"成员

村"两委"成员，共计 5 人，其中 1 人为交叉任职，具体情况见表 2-1。

表 2-1　六户村村"两委"成员

职务	姓名	性别	年龄（岁）	文化程度	党龄（年）	交叉任职	工资（元/年）	任职届数（届）	任职前身份
支部书记	赵玉学	男	62	高中	31	无	15000	两	村委会主任
支部委员	翟军	男	30	初中	4	无	12000	一	农民
支部委员	范红香	女	43	初中	3	委员兼妇女主任	12000	三	委员兼妇女主任
村委主任	刘伟	男	39	大专	19	无	15000	五	村委委员
村委委员	宋光友	男	43	初中	—	无	0	一	农民

注：本书统计表格，除特殊标注外，均来自六户村调研。

资料来源：精准扶贫精准脱贫百村调研六户村调研，2017 年 2 月。

（三）最近两届村委会选举情况

村委会每 3 年换届，2012 年进行的村委会选举，1028 人有选举权，实际参选人数为 1028 人，村主任得

550票，设有秘密划票间，书记和主任各有1人、非"一肩挑"，有大会唱票选举程序，投票未发钱发物，设有流动票箱。

2015年进行的村委会选举，1059人有选举权，实际参选人数为1059人，村主任得668票，设有秘密划票间，书记和主任各有1人，有大会唱票选举程序，投票未发钱发物，设有流动票箱。

七 教育、科技、文化

（一）学前教育

六户村3~5周岁儿童共有78人，其不在学的人数为0。本村有一所幼儿园，没有公立幼儿园，幼儿园在园人数41人，收费标准400元/月。学前班在学人数为45人，收费标准为375元/月。

（二）小学阶段教育

本村小学阶段适龄儿童有135人，其中有79名女生。因六户村在六户镇所在地，本村没有小学学校，只有六户镇有小学学校，因此小学适龄儿童均在六户镇小学就读，共计110人，其中女生69人，没有住校生。在县市小学上学的有4人，且全部为女生。在外地上学人数为21人，其中有6名女生。没有失学和辍学现象。

（三）初中阶段教育

乡镇中学六户中学就设在六户村。六户村在六户中学上学的人数共计 36 人，其中女生人数 16 人，住校生人数 3 人，学校不提供午餐。没有去县城中学上学的，也没有去外地上学的，没有失学辍学的。

（四）村小学情况

六户村有一所小学（见图 2-2），最高教学年级为六年级。在校学生总数 1012 人。公办教师 101 人，其中本科学历 36 人，大专学历 58 人，高中或中专学历 7 人，没有非公办教师。有独立校舍，校舍建于 20 世纪 30 年代，校舍面积 34176 平方米。学校提供免费午餐，午餐标准每顿 4 元。学校配有互联网和电脑。

图 2-2　六户村的小学

（五）科技文化

六户村没有农民文化技术学校，村内没有举办过农业技术讲座，村民没有参加过农业技术培训，没有人获得县以上农业技术人员证书，村民没有参加过职业技术培训。村里设有图书室文化站1个，30平方米，藏书12000册，月使用人数10人次。2017年修建300平方米的文化广场。没有体育健身场所。没有棋牌活动室。有老年秧歌队1个。村民最主要的宗教信仰为基督教，信仰基督教的人数10人左右。没有教堂等宗教场所。

八　社会稳定状况

六户村社会相对稳定，社会治安较好。无打架斗殴事件、偷盗事件、抢劫事件发生。判刑人数有3人，无接受治安处罚人数，有上访的人。

九　村集体财务

（一）集体财务收支

六户村在2016年上级补助104439元，发包机动地收入20000元。没有村集体企业上交收入，无店面厂房租金收入，无发包荒山坡地、林地和水面收入，没有修建学校集资、修建道路集资和修建水利集资，没有社会抚养费（返还），无其他收入。

2016 年在村干部工资上支出 66000 元，组干部工资支出 12810 元，水电等办公费支出 22985 元，订报刊费 5044 元，招待费 17600 元。在困难户补助、修建学校、修建道路、修建水利、垫交费用、偿还债务及利息支出等方面均无支出。

（二）集体债权债务

农户欠债 312914.31 元。无村组干部、商户、上级政府、其他人的欠债现象。

欠村组干部 52378.39 元，欠农户 146334.32 元，欠银行 401127.19 元。不欠商户、上级政府、教师和其他人的债务。

（三）集体资产

六户村有办公楼等设施，建筑面积为 308 平方米。未承包到户的集体耕地 99 亩。没有未承包到户的集体山地和其他集体资产。

十　公共建设与农民集资

（一）公共建设

2014 年 5~10 月，村集体出资 66 万元修建村办公场所，共计 308 平方米。

（二）"一事一议"筹资筹劳开展情况

自 2015 年以来，六户村没有开展"一事一议"的筹资筹劳活动。

第二节 反贫困状况

一 建档立卡贫困户

（一）2014年建档立卡贫困户

2014年，六户村共有贫困户508户，贫困人口876人，因病致贫人口876人。脱贫139户，脱贫人口223人，所有贫困户中有139户是通过发展生产脱贫的。

（二）2015年建档立卡贫困户

2015年，六户村贫困户有369户，贫困人口643人，因病致贫人口643人。没有调出、调入贫困户和贫困人口。脱贫户197户，脱贫人口249人，所有贫困户中有197户是通过发展生产脱贫的。

（三）2016年建档立卡贫困户

2016年，六户村贫困户有117户，贫困人口256人，因病致贫人口256人。没有调出、调入贫困户和贫困人口。脱贫户19户，脱贫人口50人，所有贫困户中有19户是通过发展生产脱贫的。

二 发展干预

（一）2015 年发展干预措施

2015 年，六户村新建村内道路 4.3 公里，受益户 158 户，财政专项扶贫资金投资 154.8 万元。危房改造 19 户，财政专项扶贫资金投入 12.4 万元。培育特色产业项目 1 项，因场房建成后没有投入使用，没有见到效益，没有受益户。社会帮扶资金投资 42 万元。

（二）2016 年发展干预措施

2016 年，新建通村沥青（水泥）路 5 公里，受益户 180 户，财政专项扶贫资金投入 600 万元。新建村内道路 11.7 公里，受益户 585 户，财政专项扶贫资金投入 421.2 万元。修建小型水利工程 28 处，打机井受益户 300 户，因该项目的投资归县级相关部门管理，村里不掌握具体的资金安排。新增农村电网改造 3 处，受益户 370 户，因该项目的投资归相关部门管理，村里不掌握具体的资金安排。危房改造 226 户，财政专项扶贫资金投入 503 万元。人居环境改善 475 户，总投资 173.8 万元。培育特色产业项目 1 项，受益户 19 户，社会帮扶资金投入 17.1 万元。

三 第一书记和扶贫工作队

（一）第一书记

2016 年 12 月，来自六户镇镇政府的许明（女）被派驻六户村任第一书记。许明 1985 年出生，内蒙古大学毕业。截至调查时点，第一书记最近半年在村工作 60 天，主要居住在镇政府宿舍，不在村上居住，最近半年在镇政府居住 49 天。第一书记作为帮扶责任人要联系 117 户贫困户，截至调查时点，第一书记到过 40 户贫困户家庭。第一书记的主要工作是帮助贫困户制订脱贫计划、落实帮扶措施，参与脱贫考核和接待处理群众上访等。2016 年对第一书记的考核等级为优秀，村"两委"对第一书记工作非常满意。

（二）扶贫工作队

2016 年 12 月，扶贫工作队被派驻六户村。工作队共有 17 人，主要来自县政府办公室。工作队最近半年在村工作 4 天，在村上居住 0 天，在乡镇居住 0 天。工作队作为帮扶责任人要联系 117 户贫困户，工作队走访过 117 户贫困户家庭。工作队的主要工作是帮助六户村引进项目、帮助贫困户制订脱贫计划、落实帮扶措施，参与脱贫考核和接待处理群众上访等。2016 年对工作队考核全部称职，村委会对工作队的工作是满意的。工作队队长为县委办公室的何力同志，1979 年出生，大学本科学历，不兼任第一书记。

第三章

六户村贫困户的生存状况

本章将利用本次调查对贫困户和非贫困户的《住户调查问卷》数据，对贫困户以及非贫困户进行描述统计分析，以便展示本村贫困户的生存状况，并通过贫困户与非贫困户数据的对比，展示出贫困户与非贫困户之间生存状态的差异。问卷内容涵盖家庭的人口特征、教育、住房条件、生活状况、健康与医疗、安全与保障、劳动与就业、政治参与、社会关系、时间利用、子女教育、扶贫脱贫等方面的数据。

第一节 家庭成员状况

一 户主的受教育程度

在户主的受教育程度上，具有初中和高中文化程度的比例，贫困户明显低于非贫困户（见表3-1）。具有初中文化水平的贫困户户主占贫困户总户主的33.3%，非贫困户户主占非贫困户总户主的56.7%；具有高中文化水平的贫困户户主占贫困户总户主的3.3%，非贫困户户主占非贫困户总户主的16.7%。在贫困户中，具有初、高中文化程度的占比为36.6%，在非贫困户中，这个比例为73.4%，两者相差36.8个百分点。对一个家庭而言，户主受教育程度的高低，直接影响家庭的生活质量，受教育程度相对较高者在家庭收入的获得机会、家庭中农业生产增收的合理安排、对外界有利于家庭生活质量提高的信息处理等方面具有相对优势。六户村户主文化程度的对比说明了这点。

表3-1 六户村户主受教育情况

单位：%

受教育水平	贫困户	非贫困户	总计
文盲	0	3.3	1.7
小学	63.3	23.3	43.3
初中	33.3	56.7	45.0
高中	3.3	16.7	10.0
总计	100	100	100

二　户主的婚姻状况

户主的婚姻情况方面，贫困户中出现了离异或丧偶的婚姻，如离异的占比 3.3%、丧偶的占比 13.3%。还有未婚的占比 10%。非贫困户均是完整的婚姻状态，已婚的为100%。通过婚姻形式的对比，可以看出贫困户与非贫困户婚姻状态的差异。具体见表 3-2。

表 3-2　六户村户主婚姻状况

单位：%

婚姻状况	贫困户	非贫困户	总计
已婚	73.4	100	86.6
未婚	10.0	0	5.0
离异	3.3	0	1.7
丧偶	13.3	0	6.7
总计	100	100	100

三　户主的健康状况

表 3-3 显示了户主的健康状况，贫困户户主健康的占比为 20%，非贫困户主健康的占比为 40%，贫困户户主健康的比例明显低于非贫困户户主健康的比例；通过患长期慢性病的比例对比，贫困户达 66.7%，非贫困户为 53.3%，贫困户户主患长期慢性病的比例高于非贫困户户主；在患大病方面，贫困户户主所占的比例为 6.7%，非贫困户户主所占的比例为0。通过健康状况的对比，贫困户的健康状况劣于非贫困户。

表3-3　六户村户主健康状况

单位：%

健康状况	贫困户	非贫困户	总计
健康	20.0	40.0	30.0
长期慢性病	66.7	53.3	60.0
患有大病	6.7	0	3.3
残疾	6.6	6.7	6.7
总计	100	100	100

四　户主劳动和自理能力

从劳动和自理能力上看贫困户与非贫困户的差别，贫困户的普通全劳动力占贫困户总数的23.3%，非贫困户同项的比例为60%，二者相差36.7个百分点；在技能劳动力的对比上，贫困户为0，非贫困户为3.3%；从无劳动能力但有自理能力上对比，贫困户占比为56.7%，非贫困户占比为20%；从无自理能力上看，贫困户占比为6.7%，非贫困户占比为3.3%。从这些数据的对比中可以看出，贫困户户主劳动能力缺失、自理能力弱，直接影响家庭的生产和生活。具体见表3-4。

表3-4　六户村户主的劳动和自理能力

单位：%

项目	贫困户	非贫困户	总计
普通全劳动力	23.3	60.0	41.7
技能劳动力	0.0	3.3	1.7
部分丧失劳动力	13.3	13.4	13.3
无劳动能力但有自理能力	56.7	20.0	38.3
无自理能力	6.7	3.3	5.0
总计	100	100	100

五 户主务工状况

从表 3-5 可以看出，贫困户户主有 10% 在乡镇内务工，非贫困户户主有 20% 在乡镇内务工；90% 的贫困户户主在家务农，76.7% 的非贫困户户主在家务农。外出打工对农民家庭生活的改善起到至关重要的作用是不争的事实。通过数据的对比，贫困户家庭外出打工的人数低于非贫困户家庭外出打工的人数。

表 3-5　六户村户主的务工状况

单位：%

务工状况	贫困户	非贫困户	总计
乡镇内务工	10.0	20.0	15.0
乡镇外县内务工	0.0	3.3	1.7
在家务农	90.0	76.7	83.3
总计	100	100	100

第二节　住房条件

一　住房满意度及拥有情况

（一）对当前住房的满意度

六户村贫困户和非贫困户对住房的满意度都不高，非常满意和比较满意所占的比例，贫困户为 40%，非贫困户为 43.4%；一般、不太满意、很不满意所占的比例，贫困户为 60%，非贫困户为 56.6%。具体见表 3-6。

表 3-6　六户村住房满意程度

单位：%

住房满意程度	贫困户	非贫困户	总计
非常满意	6.7	6.7	6.7
比较满意	33.3	36.7	35.0
一般	16.7	43.3	30.0
不太满意	23.3	10.0	16.7
很不满意	20.0	3.3	11.6
总计	100	100	100

（二）拥有住房数量

六户村农户拥有一处住房的居多数，无论贫困户还是非贫困户。在无房户中，贫困户的所占比例为 20%，非贫困户所占比例为 6.7%。有三处住房户中，没有贫困户，非贫困户占比为 6.7%。无房户中贫困户居多，多房户中非贫困户居多。具体见表 3-7。

表 3-7　六户村住房数量

单位：%

住房数量	贫困户	非贫困户	总计
0	20.0	6.7	13.3
1	73.3	80.0	76.7
2	6.7	6.6	6.7
3	0	6.7	3.3
总计	100	100	100

二 当前住房和居住情况

（一）住房来源

从住房的来源看，住房为自己所有的，非贫困户所占的比例为90%，明显高于贫困户70%的比例。具体见表3-8。

表3-8 六户村住房来源

单位：%

住房来源	贫困户	非贫困户	总计
自有	70.0	90.0	80.0
租用	6.7	0	3.3
借用/寄居	16.6	10.0	13.4
其他	6.7	0	3.3
总计	100	100	100

（二）住房类型

六户村农户住房类型以平房为主（见图3-1），贫困户和非贫困户住平房的比例都在90%以上。具体见表3-9。

图3-1　六户村村民的住房

表3-9　六户村住房类型

单位：%

住房类型	贫困户	非贫困户	总计
大队宿舍	3.3	0	1.7
平房	93.4	96.7	95.0
楼房	3.3	3.3	3.3
总计	100	100	100

（三）住房状况

如表3-10所示，六户村农户住房状况一般或良好的占大多数，总比例为80%。

政府认定为危房或没有认定但属于危房的居少数，贫困户两者合计占23.3%，非贫困户两者合计占10%，贫困户高于非贫困户13.3个百分点。

表 3-10 六户村住房状况

单位：%

住房状况	贫困户	非贫困户	总计
状况一般或良好	73.3	86.7	80.0
政府认定危房	10.0	6.7	8.7
没有认定，但属于危房	13.3	3.3	8.3
其他	3.3	3.3	3.3
总计	100	100	100

（四）住房的建筑材料

六户村贫困户的住房以竹草土坯做材料的为主，贫困户占比为 43.3%，其次是砖混材料的住房，贫困户占比为 30%。非贫困户的住房以砖瓦砖木做建房材料的为主，占比为 53.3%，其次为砖混材料住房，占比为 20%。具体见表 3-11。

表 3-11 六户村住房建筑材料

单位：%

住房建筑材料	贫困户	非贫困户	总计
竹草土坯	43.3	10.0	26.6
砖瓦砖木	20.0	53.3	36.7
砖混材料	30.0	20.0	25.0
钢筋混凝土	0	3.3	1.7
其他	6.7	13.4	10.0
总计	100	100	100

（五）住房建筑面积

贫困户住房的平均面积为 86.5 平方米，其中面积最小

的为 40 平方米，面积最大者为 150 平方米。非贫困户住
房的平均面积为 99.3 平方米，其中面积最小的为 60 平方
米，面积最大者为 150 平方米。具体见表 3-12。

表 3-12 六户村住房建筑面积

单位：平方米

住户类型	平均值	个案数（户）	最小值	最大值
贫困户	86.5	29	40	150
非贫困户	99.3	29	60	150

（六）主要的取暖设施

土暖气是村民最主要的取暖方式，利用土暖气的农
户中，非贫困户占比高于贫困户占比，达 13.3 个百分点；
利用炕取暖的贫困户占比较高，高出非贫困户 6.7 个百
分点（见表 3-13）。土暖气的成本要高于土炕，目前在
六户村安装一组带锅炉的土暖气，需要有相关专业人员
进行安装，收取工时费一组暖气要 150 元，且一组土暖
气设备的造价要在 1000 元左右。

表 3-13 六户村主要取暖设施

单位：%

主要取暖设施	贫困户	非贫困户	合计
炕	30.0	23.3	26.7
炉子	10.0	3.4	6.7
土暖气	60.0	73.3	66.6
合计	100	100	100

（七）淋浴设施

是否拥有淋浴设施是衡量生活质量的指标之一，从表 3-14 中可以看出六户村村民淋浴设施的使用情况，大多数的贫困户和非贫困户都没有淋浴设施，贫困户占比在 80%，非贫困户占比在 90%。

表 3-14　六户村沐浴设施

单位：%

沐浴设施	贫困户	非贫困户	总计
无	80.0	90.0	85.0
电热水器	3.4	0	1.7
太阳能	3.3	6.7	5.0
燃气	3.3	0	1.7
其他	10.0	3.3	6.6
总计	100	100	100

（八）宽带互联网

从表 3-15 的调查数据上看，六户村的互联网覆盖率不高，没有互联网的农户达到 61.7%。

表 3-15　六户村宽带互联网

单位：%

宽带互联网	贫困户	非贫困户	总计
有	36.7	20	28.3
无	50.0	73.3	61.7
其他	13.3	6.7	10.0
总计	100	100	100

（九）主要饮水来源

六户村村民主要的饮用水水源是经过净化处理的自来水，据村干部介绍，每年都有卫生防疫部门的工作人员来调取水样进行化验，检测水的质量，确保饮用水的安全。

（十）入户路类型

六户村的入户路主要是水泥路（见图3-2），在调查

图3-2 六户村的入户路

样本总数中占比80%，就贫困户与非贫困户相比较，贫困户入户路的类型偏差，其中入户路为泥土路的在贫困户中的占比为16.7%，非贫困户这个比例为13.3%；砂石路占比贫困户为10%，非贫困户为0。具体见表3-16。

表3-16 六户村入户路类型

单位：%

入户路类型	贫困户	非贫困户	总计
泥土路	16.7	13.3	15.0
砂石路	10.0	0	5.0
水泥或柏油路	73.3	86.7	80.0
总计	100	100	100

（十一）最主要的炊事用能源

如表3-17所示，贫困户、非贫困户炊事用能源以柴草为主，贫困户占比为80%，非贫困户占比为86.7%，两者相差6.7个百分点。其次使用的能源是电，贫困户占比为16.7%，非贫困户占比为3.3%。

表3-17 六户村最主要炊事用能源

单位：%

最主要炊事用能源	贫困户	非贫困户	总计
柴草	80.0	86.7	83.3
煤炭	3.3	6.7	5.0
灌装液化石油气	0	0	0
电	16.7	3.3	10.0
其他	0	3.3	1.7
总计	100	100	100

（十二）厕所类型

六户村村民使用的厕所类型绝大多数以传统旱厕为主，在所有调查样本中所占的比例达95%，贫困户、非贫困户在这方面差别不大（见表3-18）。

表3-18　六户村厕所类型

单位：%

厕所类型	贫困户	非贫困户	总计
传统旱厕	96.7	93.4	95.0
卫生厕所	3.3	3.3	3.3
没有厕所	0	3.3	1.7
总计	100	100	100

（十三）生活垃圾处理

表3-19说明，六户村村民的生活垃圾处理方式基本上是定点堆放，据村干部介绍，全村有几处固定的倾倒垃圾点，有统一的垃圾深埋处理点。有垃圾清运队，垃圾清运工是由镇政府聘用的，由镇文明社区办管理。生活垃圾有随意丢弃现象，村庄内一些地方的房前屋后、干枯的水渠里处处可以看到随意丢弃的垃圾。

表3-19　六户村生活垃圾处理情况

单位：%

生活垃圾处理情况	贫困户	非贫困户	总计
送到垃圾池	0	10.0	5.0
定点堆放	63.3	63.3	63.3
随意丢弃	36.7	23.3	30.0
其他	0	3.4	1.7
总计	100	100	100

（十四）生活污水排放

生活污水主要是随意排放，此比例占样本总量的60%，贫困户占比高于非贫困户13.4个百分点。其次是通过自家渗井排掉，非贫困户所占的比例较高，高于贫困户13.3个百分点。具体见表3-20。

表3-20　六户村生活污水排放情况

单位：%

生活污水排放情况	贫困户	非贫困户	总计
排到家里渗井	20.0	33.3	26.7
院外沟渠	10.0	10.0	10.0
随意排放	66.7	53.3	60.0
其他	3.3	3.4	3.3
总计	100	100	100

第三节　生活状况

一　收入与支出

（一）工资性收入

在工资性收入中，贫困户平均收入为4277.78元，非贫困户平均收入为1511.25元，贫困户高于非贫困户。贫困户最高收入为23000元，非贫困户最高收入为8000元。

这一现象似乎有悖常理，一种可能的解释是农户回答问题时有所保留或理解该问题上有偏差。具体见表3-21。

表3-21　六户村工资性收入

单位：元

住户类型	平均值	标准差	个案数（户）	最小值	最大值
贫困户	4277.78	7434.463	18	0	23000
非贫困户	1511.25	2763.698	16	0	8000
总计	2975.88	5823.184	34	0	23000

（二）农业经营收入

在农业经营收入上，如表3-22所示，贫困户的收入平均值为3120元，非贫困户为3880元，非贫困户在农业经营上的收入高于贫困户。在收入最大值上，贫困户为4万元，非贫困户为1.2万元，贫困户农业经营收入要高于非贫困户。

表3-22　六户村农业经营收入

单位：元

住户类型	平均值	标准差	个案数（户）	最小值	最大值
贫困户	3120.00	7321.704	30	0	40000
非贫困户	3880.00	3892.291	30	0	12000
总计	3500.00	5826.045	60	0	40000

（三）农业经营支出

从农业经营支出的平均值上看，如表3-23所示，贫困户支出1550元，非贫困户支出3750元，贫困户在农业经营上的支出少于非贫困户，非贫困户在农业经营支出上高于贫困户2200元。

表 3-23　六户村农业经营支出

单位：元

住户类型	平均值	标准差	个案数（户）	最小值	最大值
贫困户	1550.00	2624.914	30	0	10000
非贫困户	3750.00	4971.557	30	0	23000
总计	2650.00	4094.622	60	0	23000

（四）非农业经营收入

在非农业经营收入上，如表 3-24 所示，非贫困户的收入为 3646.67 元，贫困户的收入为 1266.67 元，非贫困户高于贫困户 2380 元，是贫困户非农经营收入的 2.88 倍。

表 3-24　六户村非农业经营收入

单位：元

住户类型	平均值	标准差	个案数（户）	最小值	最大值
贫困户	1266.67	4093.168	30	0	20000
非贫困户	3646.67	10285.937	30	0	50000
总计	2456.67	7853.583	60	0	50000

（五）非农业经营支出

在非农业经营支出上，如表 3-25 所示，非贫困户的支出大于贫困户的支出，非贫困户支出为 1346.67 元，贫困户支出为 400 元，非贫困户的支出是贫困户支出的 3.37 倍。

表 3-25　六户村非农业经营支出

单位：元

住户类型	平均值	标准差	个案数（户）	最小值	最大值
贫困户	400.00	1302.517	30	0	5000
非贫困户	1346.67	5563.907	30	0	30000
总计	873.33	4034.591	60	0	30000

（六）其他各类收入

从其他各类收入的情况看，如表 3-26 所示，在赡养性收入、低保金收入上贫困户高于非贫困户，赡养性收入是非贫困户的 26.4 倍，低保金收入是非贫困户的 1.3 倍。在财产性收入、养老金收入、报销医疗费收入、礼金收入、补贴性收入上，非贫困户均高于贫困户，分别为贫困户的 1.3 倍、1.2 倍、1.5 倍、3.3 倍、1.3 倍。

表 3-26　六户村其他各类收入（平均值）

单位：元

住户类型	财产性收入	赡养性收入	低保金收入	养老金收入	报销医疗费收入	礼金收入	补贴性收入
贫困户	356.9	1234.5	1720.2	55.9	352.1	50	4248.6
非贫困户	481.7	46.7	1331.2	66.7	524.3	166.7	5549.3

（七）家庭生活消费支出

在各类支出中，如表 3-27 所示，在食品支出上，非贫困户高于贫困户，是贫困户的 1.4 倍；在报销后医疗总支出上，贫困户高于非贫困户，是其 2.2 倍，贫困户在医疗上的花销大于非贫困户，是贫困户生活中的主要支出；在教育总支出上，非贫困户的支出大于贫困户，是贫困户的23.2倍；在礼金支出上，非贫困户高于贫困户，是贫困户的2.4倍。礼金支出在六户村村民的生活支出中占据大部分的比例，在贫困户中这笔支出在生活支出中排第三，在非贫困户支出中排第一。这说明六户村村民在礼金支出上投入了较多的金钱，在调查中发现，村民们对此是有怨言的，有时是不得已而为之的。在一个熟人社会中，这样的交往方式已根深蒂固，人们被约定俗成的风习所左右。

表 3-27　六户村各类生活支出

单位：元

住户类型	食品支出	报销后医疗总支出	教育总支出	养老保险费支出	合作医疗保险费支出	礼金支出
贫困户	3483.3	7890.0	133.3	43.3	115.3	2350
非贫困户	4866.7	3613.8	3086.0	126	325.7	5530

（八）收入状况自评

从表 3-28 看出，贫困户和非贫困户均认为 2016 年的收入较低和非常低，贫困户在"较低""非常低"两项占比之和为 90%，非贫困户这一比例为 93.3%。

表 3-28　六户村 2016 年收入自评

单位：%

收入自评	贫困户	非贫困户	合计
非常高	0	0	0
较高	0	0	0
一般	10.0	6.7	8.4
较低	43.3	33.3	38.3
非常低	46.7	60.0	53.3
合计	100	100	100

（九）收入满意度

从表3-29可以看出，在对收入的满意度上，贫困户与非贫困户都集中在"不太满意""很不满意"上，贫困户两项合计占比为76.7%，非贫困户在这两项的选择中，两项合计占比为80%。

表3-29　六户村2016年收入满意度

单位：%

收入满意度	贫困户	非贫困户	总计
非常满意	3.3	0	1.7
比较满意	6.7	6.7	6.7
一般	13.3	13.3	13.2
不太满意	46.7	46.7	46.7
很不满意	30.0	33.3	31.7
总计	100	100	100

二　家庭财产状况

（一）家庭中耐用消费品、农机、农业设备拥有数量

六户村村民的家庭耐用消费品如表3-30所示，主要是彩色电视机，在贫困户和非贫困户中的占比都比较高，贫困户平均为0.86台，非贫困户为1台；洗衣机、电冰箱/冰柜、摩托车/电动自行车等也占一定比例，尤其是手机的使用率较高，贫困户手机的使用每户平均达1.06部，非贫困户手机的使用每户平均为1.10部。在所调查的家庭高档耐用消费品的项目上，如轿车/面包车、拖拉机、耕作机械、播种机等，贫困户的拥有数量均低于非贫困户。

表 3-30　六户村家庭耐用消费品、农机、农业设备拥有数量

单位：台、辆、部

家庭耐用消费品、农机、农业设备	贫困户	非贫困户
彩色电视机	0.86	1
空调	0	0.03
洗衣机	0.50	0.73
电冰箱 / 冰柜	0.36	0.80
电脑	0.07	0.13
固定电话	0	0.03
手机	1.06	1.10
联网的智能手机	0.33	0.43
摩托车 / 电动自行车（三轮车）	0.43	0.56
轿车 / 面包车	0	0.03
卡车 / 中巴车 / 大客车	0	0
拖拉机	0.13	0.33
耕作机械	0.03	0.13
播种机	0	0.13
收割机	0	0
其他	0	0

（二）家庭存款

2016 年，如表 3-31 所示，六户村贫困户家庭存款平均在 1166.67 元，存款最多的达 3 万元。非贫困户家庭存款平均在 1366.67 元，存款最多的达 2 万元。

表 3-31　六户村 2016 年底家庭存款（包括借出的钱）

单位：元

住户类型	平均值	个案数（户）	标准差	最小值	最大值
贫困户	1166.67	30	5521.640	0	30000
非贫困户	1366.67	30	4080.934	0	20000
总计	1266.67	60	4814.761	0	30000

（三）家庭贷款

2016 年，如表 3-32 所示，六户村贫困户家庭贷款平均在 16033.33 元，贷款最多的达 10 万元。非贫困户家庭贷款平均在 23233.33 元，贷款最多的达 28 万元。

表 3-32 六户村 2016 年底家庭贷款（包括借入的钱）

单位：元

住户类型	平均值	个案数（户）	标准差	最小值	最大值
贫困户	16033.33	30	24793.608	0	100000
非贫困户	23233.33	30	62299.435	0	280000
总计	19633.33	60	47149.228	0	280000

（四）借贷主体

从借贷主体上看，如表 3-33 所示，无论贫困户还是非贫困户，主要是从私人借贷。在第一笔借贷中，贫困户从私人借贷的户数占借贷总户数的 86.7%，在第二、三笔借贷中，从私人借贷的户数分别占借贷总户数的 100% 和 80%；非贫困户在第一笔借贷中，从私人借贷的户数占比为 90.9%，在第二、三笔借贷中，从私人借贷的户数占比均为 100%。这说明，在六户村村民间私人借贷是主要的借贷方式。

表 3-33 借贷的主体

单位：%

住户类型	笔数	信用社	私人	社区发展资金	贫困户互助资金	总计
贫困户	第一笔	6.6	86.7	0	6.7	100
	第二笔	0	100	0	0	100
	第三笔	0	80.0	20.0	0	100

住户类型	笔数	信用社	私人	社区发展资金	贫困户互助资金	总计
	第一笔	9.1	90.9	0	0	100
非贫困户	第二笔	0	100	0	0	100
	第三笔	0	100	0	0	100

（五）借贷用途

借贷资金的主要用途在贫困户和非贫困户中有差别，贫困户主要使用在助病助残上，其次用在盖房买房上。在第一笔借贷中，用在助病助残上的户数占借贷总户数的60%，在第二、三笔贷款中，用在助病助残上的户数分别占借贷总户数的66.7%和80%。在盖房买房上，贫困户用借贷的第一笔资金盖房买房的，占借贷总户数的33.3%。非贫困户的借贷资金主要用于生活开支和婚丧嫁娶上，在第一笔借贷中，用在生活开支上的户数占借贷总户数的36.3%，用在婚丧嫁娶、助病助残、发展生产上的户数均占借贷总户数的18.1%，在第二笔借贷中，有66.7%的户数用在生活开支上，有33.3%的户数用在婚丧嫁娶上。在第三笔借贷中，用在发展生产、助学、生活开支和婚丧嫁娶上的户数均为25%。具体见表3-34。

表3-34　借贷的用途

单位：%

户别	笔数	发展生产	助学	助病助残	婚丧嫁娶	生活开支	盖房买房	其他	总计
	第一笔	6.6	0	60.0	0	0	33.3	0	100
贫困户	第二笔	0	0	66.7	0	0	16.7	16.7	100
	第三笔	0	0	80.0	0	0	0	20.0	100

户别	笔数	发展生产	助学	助病助残	婚丧嫁娶	生活开支	盖房买房	其他	总计
非贫困户	第一笔	18.1	9.1	18.1	18.1	36.3	0	0	100
	第二笔	0	0	0	33.3	66.7	0	0	100
	第三笔	25.0	25.0	0	25.0	25.0	0	0	100

（六）借贷的利率

六户村村民在民间借贷偿还上，主要有两种付息方式：一是月利息为 1.5%，即月利息为 15 厘；二是月利息为 2%，即月利息为 20 厘。具体见表 3-35。

按 15 厘付息的比例最高，在第一笔借款中，有 13.3% 的贫困户和 45.5% 的非贫困户，按每月 15 厘付息。在第二笔借款中，有 33.3% 的贫困户和 27.3% 的非贫困户，按每月 15 厘付息。另外，还有部分贫困户按每月 20 厘付息，13.3% 的贫困户在第一笔借款中按此利息偿还借款，16.7% 的贫困户在第二笔借款中按这个利息偿还贷款。在非贫困户中，没有发现按 20 厘付息偿还借款的。但也存在着无息还款，从借贷户的付息情况上看，约有 60% 的借款户还款不用付息。

三 生活评价

（一）对生活状况的满意程度

表 3-36 数据显示，六户村村民对生活"非常满意"的程度不高，贫困户占比为 0，非贫困户占比为 3.3%；对生活

表3-35 六户村民间借贷月利率

单位：户，%

户别	笔数	9厘 户数	9厘 占借贷户数的比例	10厘 户数	10厘 占借贷户数的比例	12厘 户数	12厘 占借贷户数的比例	15厘 户数	15厘 占借贷户数的比例	20厘 户数	20厘 占借贷户数的比例
贫困户	第一笔	0	0	1	6.7	1	6.7	2	13.3	2	13.3
	第二笔	0	0	0	0	0	0	2	33.3	1	16.7
	第三笔	0	0	0	0	0	0	0	0	0	0
非贫户	第一笔	1	9.0	0	0	0	0	5	45.5	0	0
	第二笔	0	0	0	0	0	0	3	27.3	0	0
	第三笔	0	0	0	0	0	0	0	0	0	0

"比较满意"的程度较高，贫困户占比为 33.3%，非贫困户占比为 40%；对生活"不太满意"和"很不满意"的贫困户的比例均为 23.3%，在非贫困户中所占的比例分别为 23.3% 和 16.7%。

表 3-36 六户村生活满意度

单位：%

生活满意度	贫困户	非贫困户
非常满意	0	3.3
比较满意	33.3	40.0
一般	20.1	16.7
不太满意	23.3	23.3
很不满意	23.3	16.7
总计	100	100

（二）村民的幸福感

六户村村民认为昨天比较幸福的人还是居多的，贫困户占比为 56.7%，非贫困户占比为 60.0%。如表 3-37 所示，说明百姓相较于今天对以往的生活还是比较满意的。

表 3-37 六户村村民的幸福感

单位：%

幸福感	贫困户	非贫困户
非常幸福	0	6.7
比较幸福	56.7	60.0
一般	13.3	16.7
不太幸福	16.7	10.0
很不幸福	13.3	6.7
总计	100	100

（三）生活的比较

1. 与 5 年前比较

对于当下生活，与 5 年前对比，如表 3-38 所示，认为"好很多"和"好一些"的居多数，两项合计占比，贫困户为 66.6%，非贫困户为 73.3%，说明贫困户与非贫困户认为当下的生活水平和生活条件比过去有所提高。

表 3-38　与 5 年前比较

单位：%

与 5 年前相比，您家生活变得	贫困户	非贫困户
好很多	33.3	40.0
好一些	33.3	33.3
差不多	20.0	20.1
差一些	6.7	3.3
差很多	6.7	3.3
总计	100	100

2. 与 5 年后比较

对 5 年后生活展望，如表 3-39 所示，认为会"好一些"的非贫困户比贫困户高出 20 个百分点，贫困户为 13.3%，非贫困户为 33.3%。对未来生活会怎样的判断"说不清"的贫困户居多，高出非贫困户 20 个百分点，贫困户为 50%，非贫困户为 30%，贫困户与非贫困户相比较，贫困户对未来生活的判断相对模糊。

表3-39　与5年后比较

单位：%

您觉得5年后，您家生活会	贫困户	非贫困户
好很多	0	3.3
好一些	13.3	33.3
差不多	10.0	20.0
差一些	10.0	3.3
差很多	0	3.3
说不清	50.0	30.0
总计	100	100

3. 与亲朋好友比较

对于当下的生活，在与亲朋好友比较时，如表3-40所示，贫困户与非贫困户都认为自己的生活比亲朋好友的生活"差一些"和"差很多"，两者合计的比例，贫困户为86.7%，非贫困户为63.3%。非贫困户认为自己的生活和亲朋好友的生活"差不多"的也占有一定比例，为33.3%，但并不认为自己的生活比亲朋好友"好很多"，这一比例仅为3.4%。贫困户中没有人认为自己的生活比亲朋好友的生活"好很多"，与亲朋好友的生活"差不多"的有13.3%。

表3-40　与本村亲朋好友比较

单位：%

与本村亲朋好友相比您家过得	贫困户	非贫困户
好很多	0	3.4
差不多	13.3	33.3
差一些	36.7	23.3
差很多	50.0	40.0
总计	100	100

4. 与本村多数人比较

与本村多数人相比，如表 3-41 所示，贫困户和非贫困户均不认为自己的生活比本村多数人"好很多"，贫困户认为自己的生活比本村多数人"差很多"的占比达到60%，非贫困户认为自己的生活与/比本村人"差不多"和"差一些"的均占 36.7%。

表 3-41　与本村多数人比较

单位：%

与本村多数人相比，您家过得	贫困户	非贫困户
好一些	0	6.7
差不多	20.0	36.7
差一些	20.0	36.7
差很多	60.0	20.0
总计	100	100

四　环境条件

（一）对居住环境的满意度

从总体情况看，六户村村民对居住环境是满意的。如表 3-42 所示，对居住环境感到"比较满意"的，贫困户占比 48.3%，非贫困户占比 44.8%；对居住环境感到"一般"的，贫困户占比 31.0%，非贫困户占比 27.6%。非贫困户对居住环境"非常满意"的占比为 17.2%，"很不满意"的为 0。

表 3-42　居住环境满意度

单位：%

居住环境满意度	贫困户	非贫困户
非常满意	0	17.2
比较满意	48.3	44.8
一般	31.0	27.6
不太满意	10.3	10.3
很不满意	10.3	0
总计	100	100

（二）家周围的污染状况

水污染方面，有 6.7% 的贫困户认为有水污染，93.3% 的贫困户认为没有水污染；100% 的非贫困户认为没有水污染。噪声污染在贫困户和非贫困户中均有反映，占比都在 10%，即 90% 的贫困户和非贫困户认为没有噪声污染。占比相对较高的是垃圾污染，贫困户、非贫困户都在 13.3%，即有 86.7% 的户数认为没有垃圾污染。如表 3-43 所示，六户村村民对其居住环境的满意度比较高。

表 3-43　家周围存在的污染情况

单位：%

污染类型	贫困户	非贫困户
水污染	6.7	0
空气污染	6.7	6.7
噪声污染	10	10
土壤污染	0	0
垃圾污染	13.3	13.3

第四节　健康与医疗

一　健康

（一）家庭中身体不健康的人数

总体上看，如表3-44所示，贫困户家庭不健康的人数要多于非贫困户，贫困户家庭中1~3人有病的占贫困户总户数的93.3%，非贫困户家庭中1~3人有病的占非贫困户总户数的86.7%。

表3-44　家庭中不健康的人数构成

单位：%

家庭中不健康的人数	贫困户	非贫困户
0 人	6.7	13.3
1 人	40.0	36.7
2 人	50.0	50.0
3 人	3.3	0
总计	100	100

（二）疾病构成

在调查中发现的20多种疾病中，六户村村民患有高血压、心脏病、脑出血、腰间盘突出、哮喘、糖尿病等的比较多，城市中多发的"富贵病"，如糖尿病、心脑血管疾病在六户村也有多发。在疾病患者的分布比例上，贫困户与非贫困户没有太大的区别。具体见表3-45。

表 3-45 主要疾病构成

单位：%

主要疾病	贫困户	非贫困户
布病	6.7	0
风湿	3.3	6.7
高血压	3.3	13.3
心脏病	13.3	3.3
脑出血	13.3	10.0
腰间盘突出	13.3	16.7
糖尿病	3.3	6.7
腿病／残疾	6.7	6.7
哮喘	0	6.7

二 医疗

（一）2016 年医疗情况

在疾病的治疗上，如表 3-46 所示，六户村村民采取的方式主要是自行买药，贫困户占该类方式的比例为 73.3%，非贫困户占比为 66.7%；其次采取门诊治疗，贫困户占该类方式的比例为 43.3%，非贫困户占比 36.7%。住院治疗的也占一定比例，贫困户为 26.7%，非贫困户为 13.3%。

表 3-46 2016 年疾病治疗情况（多选）

单位：%

住户类型	没治疗	自行买药	门诊治疗	住院治疗	急救	其他
贫困户	10.0	73.3	43.3	26.7	0	0
非贫困户	13.3	66.7	36.7	13.3	0	0

（二）治疗的总费用

在治疗上，贫困户平均花费 10707.69 元，非贫困户的平均花费为 5043.46 元，贫困户在治疗上的花费是非贫困户的约 2 倍；贫困户治疗费用的最大值为 6 万元，非贫困户为 4.69 万元，说明贫困户在医疗上的负担要大于非贫困户。具体见表 3-47。

表 3-47　治疗总费用（含报销部分）

单位：元

住户类型	平均值	个案数（户）	标准差	最小值	最大值
贫困户	10707.69	26	16164.725	0	60000
非贫困户	5043.46	26	9118.802	200	46900
总计	7875.58	52	13305.135	0	60000

（三）自费部分

在治疗总费用中的自费部分，贫困户的均值为 8976.92 元，非贫困户为 4428.08 元，贫困户为非贫困户的约 2 倍；贫困户最大的花销为 5.9 万元，非贫困户最大的花销为 3.93 万元。两者比较，贫困户在治疗上的花费大于非贫困户的花费。具体见表 3-48。

表 3-48　治疗费中自费部分

单位：元

住户类型	平均值	个案数（户）	标准差	最小值	最大值
贫困户	8976.92	26	13262.377	0	59000
非贫困户	4428.08	26	7689.781	200	39300
总计	6702.50	52	10976.428	0	59000

（四）没有治疗的主要原因

在贫困户和非贫困户中，有病而没有去医治的，其主要原因是家庭经济困难，在这个原因上，贫困户达75%，非贫困户达80%。具体见表3-49。

表3-49　有病没治疗的原因

单位：%

有病没治疗的原因	贫困户	非贫困户
经济困难	75.0	80.0
医院太远	0	0
没有时间	0	0
小病不用医	0	20.0
其他	25.0	0

（五）儿童接受计划免疫

六户村贫困户和非贫困户的家庭中，有7岁以下的儿童者，100%都接受了计划免疫。

第五节　安全与保障

一　意外事故和公共安全

（一）意外事故

在所调查的非贫困户中，所有的家庭均未发生意外事故。

在贫困户中，有16.7%发生意外，具体见表3-50。据调查统计，在所发生的意外中，有80%是工伤，损失的金额平均为23125元，其中，损失最多的为3.1万元，最少者为1500元。

表3-50　家里是否发生意外事故

单位：%

家里是否发生意外事故	贫困户	非贫困户
自己	6.7	0
家人	10	0
无	83.3	100

（二）公共安全

在2016年，贫困户没有遇到偷抢等公共安全问题。在调查的非贫困户家庭中，有一户遭遇过偷盗，估计损失金额1万元。

（三）自然灾害

2016年，六户村有36.7%的贫困户遇到自然灾害，估计财产损失平均6054.6元，其中损失最多者为1.5万元；有46.7%的非贫困户遇到自然灾害，估计财产损失平均11828.6元，其中损失最多者为3万元。具体见表3-51。

表3-51　自然灾害财产损失金额

单位：元

住户类型	平均值	个案数（户）	标准差	最小值	最大值
贫困户	6054.55	11	5303.087	500	15000
非贫困户	11828.57	14	8818.462	3000	30000
总计	9288.00	25	7899.226	500	30000

二 社区安全

（一）安全防护措施

如表 3-52 所示，在六户村，贫困户与非贫困户家庭多数不设防护措施，贫困户占比为 76.7%，非贫困户占比为 66.7%。家里养狗是最普遍利用的防护措施，其次是安装防盗门，贫困户安装防盗门的占比 23.3%，非贫困户安装防盗门的占比 33.3%。只有一户非贫困户安装了报警器。

表 3-52　利用安全防护措施的比例（多选题）

单位：%

安全防护措施	贫困户	非贫困户
无	76.7	66.7
安防盗门	23.3	33.3
安报警器	0	3.3
加强社区巡逻	0	0
养狗	66.7	56.7
其他	0	0

（二）天黑一个人走路安全吗

总体而言，六户村村民在本村居住还是感到安全的，觉得"非常安全"和"比较安全"的贫困户比例是 96.7%，非贫困户的该比例是 86.6%。具体见表 3-53。

表 3-53　天黑一个人走路感觉是否安全

单位：%

天黑走路感觉是否安全	贫困户	非贫困户
非常安全	60.0	63.3
比较安全	36.7	23.3
有点不安全	0	3.4
非常不安全	0	3.3
说不清	3.3	6.7

三　基本生活保障

（一）上年你家挨饿情况

调查数据显示，2016 年，六户村被调查的贫困户或非贫困户没有发生挨饿的情况，扶贫工作中提出的"两不愁"即不愁吃、不愁穿已稳定实现，愁吃愁穿现象在六户村已不存在。

（二）你将来养老主要靠什么

在养老问题上，如表 3-54 所示，贫困户的选择第一依靠子女，该项占比为 40%；第二依靠养老金，占比为 30%；

表 3-54　你将来养老主要靠什么（多选）

单位：%

养老依靠	贫困户	非贫困户
子女	40	43.3
个人积蓄	3.3	10.0
养老金	30.0	36.7
个人劳动	20.0	23.3
其他	6.7	3.3
说不清	33.3	30.0

第三依靠个人劳动，占比为20%；还有33.3%的人在养老问题上说不清楚。非贫困户的选择第一依靠子女，该项占比为43.3%；第二依靠养老金，占比为36.7%；第三依靠个人劳动，占比为23.3%；还有30.0%的人，在养老问题上说不清楚。

四 农业资源和风险

（一）农业资源

土地是农民赖以生存的保障，对所调查的贫困户和非贫困户拥有的各类土地，进行每户平均后得到表3-55的数据。农户的土地资源以有效灌溉耕地为主，其次是旱地和林地，兼有少部分的园地。没有牧草地和养殖用的水面和土地。

表3-55 农业资源每户平均面积

单位：亩

农业资源种类	贫困户		非贫困户	
	自有面积	经营面积	自有面积	经营面积
有效灌溉耕地	7.76	3.01	5.78	2.7
旱地	3.59	1.5	5.50	3.37
园地	0.04	0.07	0.26	0
林地	2.82	0.07	3.51	0
牧草地	0	0	0	0
养殖水面	0	0	0	0
养殖设施用地	0	0	0	0

（二）农业风险

1. 自然灾害

2016年自然灾害导致了农业生产的损失，在遭受自然灾害贫困户中，平均每户损失7281.25元；在非贫困户中，平均每户损失11482.61元。贫困户中损失最多的达2万元，非贫困户中损失最多的达3万元。具体见表3-56。

表3-56　自然灾害导致农业生产的损失

单位：元

住户类型	平均值	个案数（户）	标准差	最小值	最大值
贫困户	7281.25	16	6753.292	0	20000
非贫困户	11482.61	23	8721.585	0	30000
总计	9758.97	39	8150.096	0	30000

2. 农产品价格下跌，销售困难

2016年玉米等农产品销售困难和价格下跌因素叠加，导致收入上的损失。如表3-57所示，贫困户平均损失9461.54元，损失最多的达3.65万元；非贫困户平均损失11980.0元，损失最多的达3万元。

表3-57　农产品收入损失

单位：元

住户类型	平均值	个案数（户）	标准差	最小值	最大值
贫困户	9461.54	13	10201.514	0	36500
非贫困户	11980.00	20	8464.639	0	30000
总计	10987.88	33	9117.591	0	36500

第六节 劳动与就业

一 常住人口中劳动力人数

在常住人口中，如表 3-58 所示，贫困户无劳动力的家庭占比达 53.4%，非贫困户无劳动力的家庭占比为 26.7%；有 1~2 个劳动力的家庭，贫困户占比为 46.6%，非贫困户占比达 60%；有 3~5 个劳动力的家庭，贫困户占比为 0，非贫困户占比为 13.3%。贫困户家庭的劳动力明显少于非贫困户。

表 3-58 常住人口劳动力数量

单位：%

常住人口劳动力人数	贫困户	非贫困户
0	53.4	26.7
1	33.3	26.7
2	13.3	33.3
3	0	3.3
4	0	6.7
5	0	3.3

二 2016 年的劳动时间

贫困户的劳动时间平均为 191.79 天，最小值为 0 天，最大值为 365 天；非贫困户的劳动时间为 157.86 天，最小值为 10 天，最大值为 365 天。贫困户的平均劳动时间多于非贫困户 33.93 天。具体见表 3-59。

表 3-59　2016 年劳动时间（不含家务劳动）

单位：天

住户类型	平均值	个案数（户）	标准差	最小值	最大值
贫困户	191.79	14	134.402	0	365
非贫困户	157.86	21	102.269	10	365
总计	171.43	35	115.514	0	365

三　劳动收入

表 3-60 的数据显示，2016 年，贫困户劳动力平均劳动收入为 5218.18 元，收入最大值为 1.7 万元；非贫困户平均劳动收入为 1.53 万元，收入最大值为 6 万元。两者的平均收入差为 10081.82 元，非贫困户的收入是贫困户收入的 2.93 倍。

表 3-60　2016 年劳动收入

单位：元

住户类型	平均值	个案数（户）	标准差	最小值	最大值
贫困户	5218.18	11	5407.230	0	17000
非贫困户	15300.00	11	16140.322	300	60000
总计	10259.09	22	12829.501	0	60000

四　2016 年最主要的工作行业

从贫困户和非贫困户所从事的行业看，如表 3-61 所示，无论是贫困户还是非贫困户，以农、林、牧、渔业为主，贫困户从事该行业的占比为 64.3%，非贫困户从事该行业的占比为 71.4%；贫困户从事建筑业的占比为 14.3%，主要是在建筑工地打工，其余 21.4% 的贫困户主要在本村内打零工，从事居民服务、修理和其他服务业；非贫困户从事的行业类型比较多，除了农、林、牧、渔业外，还有从事相对技术含量高和收入比较高的职业的，比如电力、热力、燃气及水的生产和供应业，批发和零售业，水利、环境和公共设施管理业等，这造成了贫困户和非贫困户在收入上的差距。

表 3-61　2016 年工作行业构成

单位：%

行业	贫困户	非贫困户
农、林、牧、渔业	64.3	71.4
制造业	0	4.7
电力、热力、燃气及水的生产和供应业	0	4.7
建筑业	14.3	4.7
批发和零售业	0	4.7
水利、环境和公共设施管理业	0	4.7
居民服务、修理和其他服务业	21.4	0
总计	100	100

第七节　政治参与

一　被调查者是否为党员

贫困户与非贫困户中党员的比例不高，贫困户中有党员的比例为 3.3%，非党员的比例为 96.7%；非贫困户有党员的比例为 6.7%，非党员的比例达 93.3%。具体见表 3-62。

表 3-62　是否为党员

单位：%

是否为党员	贫困户	非贫困户
党员	3.3	6.7
非党员	96.7	93.3
总计	100	100

二　家中有几位党员

据调查数据统计，贫困户家庭中平均每户有党员的数量为 0.03 位，非贫困户家庭中有党员的数量为 0.1 位。

三　是否参加了最近一次村委会投票

从调查结果表 3-63 看，六户村村民参加最近一次村委会投票的比例较高，贫困户参与率达 73.3%，非贫困户参与率达 83.3%。

表 3-63　是否参加最近一次村委会投票

单位：%

是否参加最近一次村委会投票	贫困户	非贫困户
都参加	73.3	83.3
仅自己参加	6.7	0
都没参加	13.3	6.7
不知道	6.7	10.0

四　2016 年是否参加了村民组召开的会议

2016 年，参加村民组召开的会议，贫困户和非贫困户参与率不高，没参加的比例贫困户为 63.3%，非贫困户为 46.7%；不知道的比例也较高，贫困户为 26.7%，非贫困户为 40%（见表 3-64）。

表 3-64　是否参加村民组召开的会议

单位：%

是否参加村民组召开的会议	贫困户	非贫困户
都参加	6.7	10.0
仅自己参加	3.3	0
别人参加	0	3.3
都没参加	63.3	46.7
不知道	26.7	40.0

五　是否参加了最近一次乡镇人大代表投票

调查结果表明，非贫困户参与乡镇人大代表投票的比例较高，达 63.3%；贫困户参与乡镇人大代表投票的比例为 36.7%，没参加的比例达 40%。另外，贫困户与非贫困户均有 23.3% 的比例不知道乡镇人大代表投票（见表 3-65）。

表 3-65　是否参加最近一次乡镇人大代表投票

单位：%

是否参加最近一次乡镇人大代表投票	贫困户	非贫困户
都参加	36.7	63.3
都没参加	40	13.4
不知道	23.3	23.3

第八节　社会联系

一　社会组织

（一）农民合作社

是否知道本村或邻近有农民合作社，回答"有"的非贫困户占比为53.3%，贫困户占比为33.3%。回答"不清楚"的非贫困户占比为33.3%，贫困户占比为46.7%，如表3-66所示。另据调查统计，"若有（农民合作社），自家是否参加"，不参加者的比例较高，贫困户达90.9%，非贫困户达93.7%。

表3-66　本村或邻近有没有农民合作社

单位：%

本村或邻近有没有农民合作社	贫困户	非贫困户
有	33.3	53.3
没有	20	13.4
不清楚	46.7	33.3

（二）文化娱乐或兴趣组织

是否知道本村或邻近有文化娱乐或兴趣组织，确认知道的户占多数，贫困户占比为73.3%，非贫困户占比93.3%，具体见表3-67。另据调查统计，"若有（文化娱乐或兴趣组织），自家是否参加"，不参加者的比例较高，贫困户达84%，非贫困户达92.8%。"若参加，多长时间参加一次活动"，在 24% 的想参加活动的贫困户中，有 50% 的人选择每天都参加，25% 的人选择每周参加一次，25% 的人选择一年或以上参加一次。在 7.1% 的想参加活动的非贫困户中，有 50% 的人选择每周参加一次，50% 的人选择每季度参加一次。

表 3-67　本村或邻近有没有文化娱乐或兴趣组织

单位：%

本村或邻近有没有文化娱乐或兴趣组织	贫困户	非贫困户
有	73.3	93.3
没有	10.0	3.4
不清楚	6.7	3.3

二　家庭关系

（一）夫妻间相互信任的程度

在夫妻之间的信任程度上，表 3-68 说明，在完整的婚姻形态中，贫困户和非贫困户之间表现出明显的差别，"非常信任"贫困户占比为 50%，非贫困户占比 93.3%；"不太信任"和"很不信任"上，贫困户占比均为 3.3%，非贫困户占比均为 0。

表 3-68　夫妻互相信任程度

单位：%

夫妻互相信任程度	贫困户	非贫困户
非常信任	50	93.3
比较信任	20	3.3
一般	3.4	3.4
不太信任	3.3	0
很不信任	3.3	0

（二）对目前婚姻的满意度

在各类婚姻中，包括已婚、离异、丧偶等，贫困户和非贫困户对婚姻的满意度是比较高的，在"非常满意""比较满意"两个选项的占比合计上，贫困户为76.6%，非贫困户为100%。在"一般""不太满意""很不满意"三个选项的占比合计上，贫困户为23.4%，非贫困户为0。统计数据表3-69说明，非贫困户对婚姻的满意度高于贫困户。

表3-69　婚姻状态满意程度

单位：%

婚姻满意度	贫困户	非贫困户	总计
非常满意	33.3	76.7	55.0
比较满意	43.3	23.3	33.3
一般	13.4	0	6.7
不太满意	6.7	0	3.3
很不满意	3.3	0	1.7
无所谓	0	0	0
总计	100	100	100

（三）与不在一起居住的父母联系的频率

贫困户与非贫困户相比较，非贫困户和父母联系的频率较高，"每天""每周至少一次"两个选项的占比合计，非贫困户占比26.7%，贫困户占比23.3%。"每月至少一次"非贫困户占比为16.7%，贫困户为0。"没事不联系"贫困户占比为3.3%，非贫困户为0（见表3-70）。

表 3-70　与不住在一起的父母的联系频率

单位：%

联系频率	贫困户	非贫困户	总计
每天	13.3	16.7	15.0
每周至少一次	10.0	10.0	10.0
每月至少一次	0	16.7	8.3
没事不联系	3.3	0	1.7
不适用	73.4	56.6	65.0

（四）不在一起居住的子女与父母联系的频率

不在一起居住的子女与父母的联系频率，贫困户和非贫困户的差别不大，如表 3-71 所示。在"每天"联系中，非贫困户比贫困户高 13.3 个百分点；在"每周至少一次""每月至少一次"联系中，贫困户均比非贫困户高 3.4 个百分点；"没事不联系"中，二者持平。总体而言，非贫困户的子女与父母联系的频率高些。

表 3-71　不住在一起的子女与父母的联系频率

单位：%

联系频率	贫困户	非贫困户	总计
每天	16.7	30.0	23.3
每周至少一次	36.7	33.3	35.0
每月至少一次	16.7	13.3	15.0
没事不联系	10.0	10.0	10.0
不适用	19.9	13.4	16.7

三　社会关系

（一）临时有事找谁帮忙

调查表 3-72 显示，六户村村民在临时有事时，找直系亲属帮忙的居多，贫困户占比 63.3%，非贫困户占比 80%；其次是找邻居或老乡帮忙，贫困户占比 26.7%，非贫困户占比 13.3%。贫困户中占比较小的是去找其他亲戚、村干部、朋友或同学帮忙，非贫困户只找朋友或同学帮忙。

表3-72　临时有事找谁帮忙（多选）

单位：%

项目	贫困户	非贫困户	总计
直系亲属	63.3	80.0	71.7
其他亲戚	3.3	0	1.6
邻居或老乡	26.7	13.3	20.0
村干部	3.3	0	1.7
朋友或同学	3.4	6.7	5.0

（二）急用钱时向谁借

当急用钱时，如表 3-73 所示，贫困户和非贫困户主要是向直系亲属借，两类户占比均为 66.7%；其次向邻居或老乡借，两类户占比分别为 23.3% 和 16.7%。也有向其他亲戚、其他人、朋友或同学借钱的，但这部分在贫困户和非贫困户中所占的比例都较小。

表3-73　急用钱时向谁借（多选）

单位：%

项目	贫困户	非贫困户	总计
直系亲属	66.7	66.7	66.7
其他亲戚	3.3	6.7	5.0
邻居或老乡	23.3	16.7	20.0
朋友或同学	3.4	6.7	5.0
其他人	3.3	3.2	3.3

（三）亲戚中是否有干部

调查显示，在贫困户与非贫困户中，有占比均为93.3%的户在亲戚中没有干部；亲戚中有村干部的贫困户占比为6.7%，非贫困户占比为3.3%。亲戚中有乡镇干部的，贫困户占比为0，非贫困户占比3.4%（见表3-74）。

表3-74　亲戚中是否有干部

单位：%

项目	贫困户	非贫困户
村干部	6.7	3.3
乡镇干部	0	3.4
县干部	0	0
县以上干部	0	0
无	93.3	93.3

第九节　时间利用

一　平常多数时间里是否很忙

在时间利用上，从"很忙"到"正常忙"的频度中，贫困户占比为26.7%，非贫困户的占比为56.6%，二者相差近30个百分点，说明非贫困户要比贫困户忙。在"不忙"到"一点不忙"状态，贫困户占比为73.3%，非贫困户占比为43.4%，二者相差近30个百分点，也说明非贫困户比贫困户忙。具体见表3-75。

表3-75　平常多数时间是不是很忙

单位：%

平常多数时间是不是很忙	贫困户	非贫困户
是的	10.0	13.3
有点儿，还好	6.7	13.3
正常	10.0	30.0
不忙	53.3	36.7
一点不忙	20.0	6.7

二　业余时间的主要活动

在业余时间，如表3-76所示，看电视是村民的主要活动，非贫困户在业余时间看电视的比例为63.3%，贫困户的比例为50%。其次，贫困户中占比较高的是"什么也不做"，比例为20%；在非贫困户中占比较高的是"休息"和"做家务"，占比各为10%。在业余时间"参加学习培训""读书看报"的，贫困户和非贫困户占比均为0。

表 3-76　业余时间的主要活动（多选）

单位：%

业余时间的主要活动	贫困户	非贫困户
上网	0	3.4
社会交往	6.7	0
看电视	50.0	63.3
参加文体活动	3.3	3.3
参加学习培训	0	0
读书看报	0	0
休息	6.7	10.0
做家务	3.3	10.0
照顾小孩	3.3	3.3
什么也不做	20.0	6.7
其他	6.7	0

第十节　子女教育

一　子女情况

（一）家庭年满 3~18 周岁的子女人数

如表 3-77 所示，在贫困户与非贫困户中，没有年满 3~18 周岁子女的家庭居多数，贫困户占比达 90%，非贫困户占比达 83.3%；有 1 个年满 3~18 周岁子女的家庭，贫困户占比为 10%，非贫困户占比为 16.7%。

表 3-77　年满 3~18 周岁的子女人数

单位：%

年满 3~18 周岁的子女人数	贫困户	非贫困户
0 人	90.0	83.3
1 人	10.0	16.7

（二）子女年龄

根据调查数据，如表 3-78 所示，2016 年，年龄在 4~18 岁的子女中，贫困户家庭的子女 100% 处于学前教育和小学阶段；非贫困户家庭的子女，有 60% 处于小学阶段，40% 处于高中或职业高中阶段。

表 3-78　家庭中的子女年龄

单位：人

年龄（岁）	贫困户	非贫困户
4	1	0
9	0	1
10	1	0
11	1	1
12	0	1
18	0	2
总计	3	5

（三）3~18 周岁子女现在和谁一起生活

如表 3-79 所示，3~18 周岁子女的居住方式，在贫困户和非贫困户中存在明显的差别，与父母在一起居住的，贫困户占比为 33.3%，非贫困户占比为 60%。与（外）祖父母在一起居住的，贫困户占比为 66.7%，非贫困户占比为 20%。非贫困户还有 20% 的学生独自生活。

表3-79　年满3~18周岁子女的居住方式

单位：%

居住方式	贫困户	非贫困户
与父母	33.3	60.0
与（外）祖父母	66.7	20.0
独自生活	0	20.0

二　教育情况

（一）上学学校类型

无论贫困户还是非贫困户，其子女均在公办学校读书。

（二）学校条件

根据调查数据统计，在贫困户中，认为学校条件"比较好"的占比为 100%。在非贫困户中，认为学校条件"非常好"的占比为 20%，认为"比较好"的占比 60%，认为"一般"的占比为 20%。

（三）学习费用

1. 直接费用

直接费用包括学费、书本费、住校费、在校伙食费等。贫困户中，学生上学的直接费用平均为 40 元，最大值

为 80 元；非贫困户中，学生上学的直接费用平均为 3900
元，最大值为 1.3 万元（见表 3-80）。

表 3-80　2016 年上学直接费用

单位：元

住户类型	平均值	个案数（户）	标准差	最小值	最大值
贫困户	40.00	2	56.569	0	80
非贫困户	3900.00	4	6124.269	0	13000
总计	2613.33	6	5145.665	0	13000

2. 间接费用

间接费用包括交通、校外住宿伙食、陪读者费用等。贫
困户中，学生上学的间接费用为 0 元；非贫困户中，学生上
学的间接费用平均为 650 元，最大值为 2600 元（见表 3-81）。

表 3-81　2016 年上学的间接费用

单位：元

住户类型	平均值	个案数（户）	标准差	最小值	最大值
贫困户	0.00	2	0.000	0	0
非贫困户	650.00	4	1300.000	0	2600
总计	433.33	6	1061.446	0	2600

3. 额外费用

额外费用指因户口不在当地而额外发生的费用，如赞
助费、借读费等。2016 年，贫困户与非贫困户的学生均没
有发生赞助费、借读费等额外费用。

（四）教育捐助

2016 年，贫困户与非贫困户的学生没有收到教育补助

以及教育捐款。在非贫困户中，有 40% 的学生收到爱心包裹。

（五）失学与辍学

2016 年，贫困户与非贫困户家庭没有出现失学和辍学情况。

第四章

六户村的扶贫与脱贫实践

本章将通过六户村问卷调查的数据资料、质性访谈资料以及收集的数据资料，深度描述六户村扶贫工作的实践与经验。

第一节　扶贫与脱贫的调查概况

一　非建档立卡户

　　非建档立卡户是从建档立卡户大数据系统中调整出来的。据调查数据统计，截至 2016 年底，六户村的这个调出比例占建档立卡户的 23.3%。

（一）调整时乡村干部有没有来你家调查

调查数据显示，在调整时，被调出的家庭中，有57.1%的家庭乡村干部来过，有42.9%的家庭乡村干部没来过。"不知道"的为0（见图4-1）。

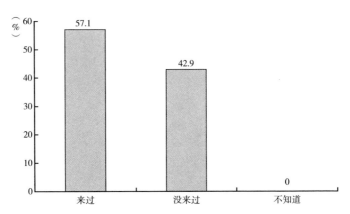

图4-1　建档立卡户调整时，乡干部是否来家调查

（二）调整时你家是否签字盖章

调查数据显示，有42.9%的家庭曾签字盖章，有57.1%的家庭没有签字盖章，"不知道"者为0。具体见图4-2。

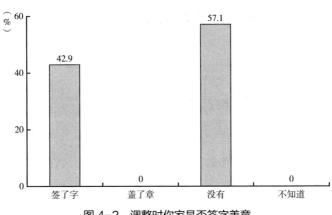

图4-2　调整时你家是否签字盖章

（三）调整后的名单是否公示

调查显示，调整后的名单是否公示，"不知道"者占比 57.1%，回答"没有"的占比为 42.9%，回答"有"的为 0（见图4-3）。

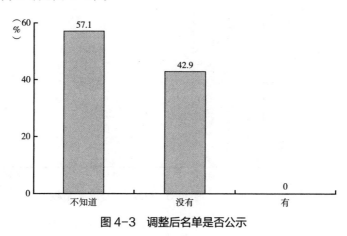

图4-3　调整后名单是否公示

（四）对调整的结果是否满意

对调整的结果"不满意"的达 71.4%，"满意"的为 28.6%，对结果"无所谓"的为 0（见图4-4）。

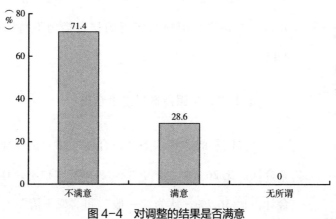

图4-4　对调整的结果是否满意

（五）对调整的程序是否满意

对调整的程序"不满意"的达 71.4%，"满意"的为 28.6%，对结果"无所谓"的为 0（见图4-5）。

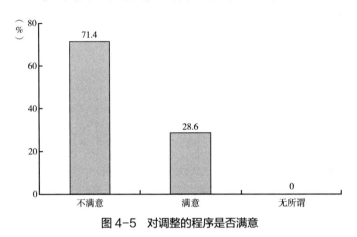

图4-5　对调整的程序是否满意

（六）政府为本村安排的各种项目是否合理

对政府为本村安排的各项扶贫措施认为"很合理"和"比较合理"的两者合计占比 33.3%；认为"不太合理""很不合理"的两者合计占比 33.3%；认为"一般"和"说不清"的各占 16.7%（见图4-6）。从总体比例的分布上看，非贫困户对实行的扶贫措施不持明确地肯定态度。

（七）本村贫困户选择是否合理

对贫困户的选择认为"很合理"和"比较合理"的两者合计占比 26.7%；认为"不太合理""很不合理"的两者合计占比 36.7%；认为"一般"和"说不清"的两者合计

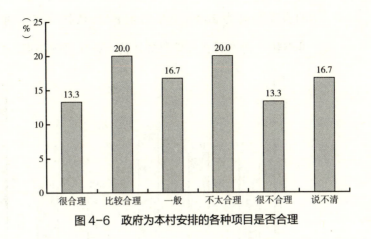

图 4-6　政府为本村安排的各种项目是否合理

占比 36.6%（见图 4-7）。从总体比例的分布上来看，非贫困户对贫困户的选择不持明确地肯定态度。

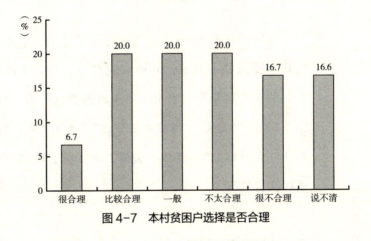

图 4-7　本村贫困户选择是否合理

（八）本村扶贫效果评价

对本村扶贫效果的评价中，认为"很好""比较好"的两者占比合计为 33.4%；认为"不太好""很不好"的两者占比合计为 20%；认为"一般"的占比 20%，"说不清"

的占比最高为 26.6%（见图 4-8）。数据分布说明，多数非贫困户对本村扶贫效果的评价不持认可的态度。

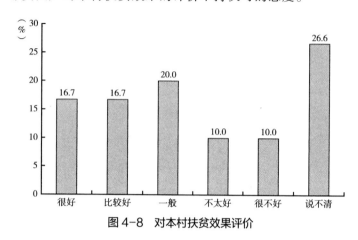

图 4-8　对本村扶贫效果评价

（九）是否享受过扶贫政策

在所调查的 2016 年底为非建档立卡户中，有 43.4% 的户享受过扶贫政策，其中有脱贫户、有非贫困户，享受到的扶贫政策有"十个全覆盖时扣彩钢房顶""低保补助""盖蔬菜大棚""入股养羊分红""煤炭补贴""给困难户 200 元补贴""一袋米一袋面"等。也有脱贫户没有享受过扶贫政策。

二　建档立卡贫困户

（一）本村贫困户的选择是否合理

建档立卡户对本村贫困户的选择认为"比较合理"的居多数，占比 60%，认为"非常合理"占比为 3.3%，两者合计 63.3%，说明大多数建档立卡户对本村贫困户的选择是满意的。具体见图 4-9。

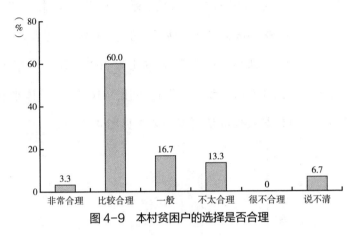

图 4-9　本村贫困户的选择是否合理

（二）政府为本村安排扶贫项目是否合理

对政府为本村安排的扶贫项目认为"比较合理"的占比最高达 53.3%，认为"非常合理"的占 10.0%，二者合计达 63.3%；贫困户认为"很不合理"的占比为 0；认为"一般"和"不太合理"的二者总计为 23.4%（见图 4-10）。总体说明对政府为本村安排扶贫项目大部分贫困户是认可的。

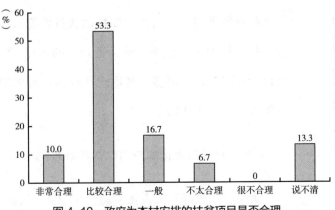

图 4-10　政府为本村安排的扶贫项目是否合理

（三）本村到目前为止的扶贫效果如何

对本村扶贫效果的评价认为"比较好"的占比 36.7%，认为"非常好"的为 13.3%，两者占比合计为 50%，认为"一般"的占比为 30%，认为"很不好"的占比 3.3%，"说不清"的占比为 16.7%。总体来看，对本村扶贫效果的认可度一般（见图 4-11）。

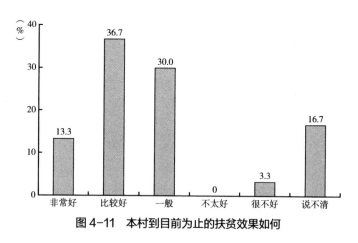

图 4-11　本村到目前为止的扶贫效果如何

（四）为本户安排的扶贫措施是否适合

调查数据显示，为本户安排的扶贫措施认为"比较适合"的占比 50%，认为"非常适合"的占比 13.3%，两者合计为 63.3%，说明多数贫困户比较认可对他们实施的扶贫措施（见图 4-12）。

（五）到目前为止本户的扶贫效果如何

认为"比较好"的占比最高为 33.3%，认为"非常好"

的占比为 10%，认为"一般"的占比为 20%，认为"不太好"和"很不好"的两者占比合计为 26.7%（见图 4-13）。这些数据说明，到目前为止，扶贫的效果还没有显现出来，虽然贫困户对扶贫措施比较认可。

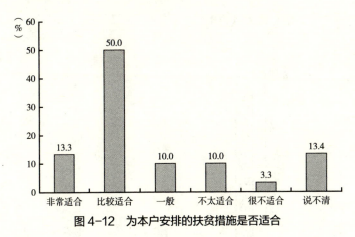

图 4-12 为本户安排的扶贫措施是否适合

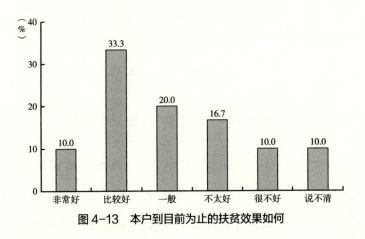

图 4-13 本户到目前为止的扶贫效果如何

（六）最主要的致贫原因

调查数据显示，六户村贫困户最主要的致贫原因排在第一位的是"生病"，占比达 53.3%，其次为"缺劳力"，占比达 26.7%，两者占比合计达到 80%；排在第三位的致贫原因为"自身发展动力不足"，占比为 6.7%。也有因"上学""缺土地""缺技术""缺资金"而致贫的（见图 4-14）。

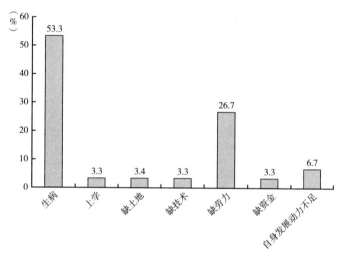

图 4-14 最主要的致贫原因

（七）2015 年以来得到的帮扶措施

六户村的贫困户认为，2015 年他们得到的最主要帮扶措施是公共服务和社会事业以及基础设施建设。公共服务和社会事业的措施主要体现在低保补助、疾病救助、五保补助上，基础设施建设主要体现在危房改造、自来水入户、电入户、路入户上，其中得到低保补助的贫困户占比最高达到 63.3%，其次是危房改造，占比达 13.3%，疾病救助和五保补助占比均为 6.7%，得到其他救助的，如退伍军人补助和米面补助的占比达10%（见图4-15）。

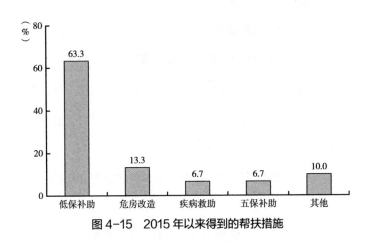

图4-15　2015年以来得到的帮扶措施

第二节　贫困户精准识别的实践

精准识别，看似简单，实则不易。原因有三：一是上级规定的识别贫困户的标准、识别贫困户的程序比较原则，需要基层在落实中细化研判，造成识别千差万别。二是农村情况纷繁复杂，农户家庭的真实情况和基层了解的情况，客观上存在信息不对称的问题，导致精准识别的偏差。三是在评估贫困户面对同一农户是否应当识别的个案时，因识别的标准不一，有时意见很难统一。[①]

① 李雪龙：《精准识别的十大问题》，微信公众号"脱贫攻坚与乡村振兴"，2017年9月16日。

然而精准识别是扶贫工作的第一粒扣子，如何系好第一粒扣子却是扶贫工作最重要、最基础的环节。六户村贫困户的精准识别，是在对扶贫工作理解的步步加深，工作力度的一步步加大，本着实事求是、一切从实际出发的原则，密切联系实际，具体情况具体分析，出公心、讲实情，通过多次贫困户人口识别动态调整和数据清洗，真正把群众公认的贫困家庭纳入扶贫行列的过程中实现的。

一　2014年1月~2015年5月贫困户的识别

这个阶段的贫困户的识别与脱贫，当地人的说法是稀里糊涂地进，稀里糊涂地出，识别不精准、脱贫也不精准。

（一）第一批建档立卡贫困户的确立

2014年1月，根据镇扶贫办分配的876人的贫困人口指标，确立了第一批建档立卡贫困户，共计508户。

六户村根据居住相对集中的户，分成9个社，每个社设立村民代表7~9人。本次识别贫困户，把指标分到各个社，以社为单位，各自独立在社长家开村民代表会议，研究确定本社的贫困户和贫困人口，做会议记录、让开会成员签字，再报村委会审核，由村委会报送六户镇扶贫办存档。没有召开村民代表大会对贫困户进行投票，没有召开党员代表大会来确定贫困户。因受贫困人口指标的限制，此次贫困户的识别出现非整户识别的现象，即在一户家庭中，家庭成员中有的是贫困人口，有的不是贫困人口。

据村委干部介绍：当时确定贫困户时，贫困人口876人的指标不能变，但户数可以随便变。因刚启动扶贫工作，当时在位的老书记有个想法，即"以后可能会有扶贫政策，利益就按户均摊，也别说谁家穷谁家富了"。按照这个想法，就增加了户的数量，最后确定508户，这样每户贫困人口平均不到2人。

（二）第一批脱贫户的确立

2014年7月，开展脱贫工作，六户镇扶贫办下达脱贫指标，六户村的做法是，每社社长从贫困户的列表中选出家庭经济条件相对好的家庭户，由村委报送镇扶贫办，共计139户223人，这部分贫困人口即为脱贫人口。至此，在剩余的贫困人口中，有369户贫困户，共计653人。

2015年5月，六户镇扶贫办又分配脱贫指标给六户村委，村委在贫困户中再挑出家庭经济条件较好的户，报送镇扶贫办，这次直接脱贫197户，共249人。

二 2016年1月至2016年11月贫困户的识别

这个阶段贫困户的识别不够精准，但识别程序相对完善了一步。脱贫工作也是由上级部门分配脱贫指标进行的。

2016年1月，内蒙古自治区集中开展了贫困人口识别"回头看"工作，突泉县根据自治区的要求，进行了全县贫困村建档立卡贫困户"回头看"，六户村虽然依然是按给定的贫困户指标确定贫困户，共计117户256人，但在识别的程序上有所改进。

（一）入户采集信息

调查小组由六户镇政府工作人员、六户村各个社的社长组成，分四个组，每组2人，按照《贫困户精准识别入户评分表》（见附录1）的各项内容进行入户调查填写。《贫困户精准识别入户评分表》中包括：①居住条件（房屋结构、装修情况、房屋面积）。②生活条件（入户道路、饮水安全、家电器具、交通工具）；生产条件（农机具）。③人口状况（健康状况、在校生情况、劳动力）。④务工情况（务工人数、务工时间）。⑤土地面积（耕地面积、保灌面积、林地面积）。⑥生产发展（果树经济林、盛果期果树、养殖业、温室蔬菜、棚室食用菌、农作物）。⑦天灾人祸（财产损失、人员伤亡）。⑧附属条件（子女家庭条件、接受扶持）。调查没有覆盖到全村各户，一些不在家的住户和通过目测被视为不符合贫困户标准的户没有进行入户信息采集。

（二）统计调查表分数

将每户的调查表统计算分，从低分到高分排序。把256人的贫困人口指标均分给四个村民小组，每个小组按每户所得的分数情况，从低分到高分取，取到该组给定的贫困人口数额为止，该组的贫困户就产生了。

（三）召开党员和村民代表会

召开村民代表和党员共同参加的会议，对贫困户的名单进行讨论，最终确定贫困户。

（四）公示

在村委宣传栏公示 7 天，后上报镇扶贫办，经镇扶贫办审批通过后，村委进行第二次公示，识别工作结束。

在此次识别中，出现非整户识别现象，即一个家庭户中，既有贫困人口也有非贫困人口。据村干部介绍，之所以出现这一现象，一是为了平息矛盾，比如，A 家 5 口人都评上了贫困户，但是 B 家 2 口人也要进贫困户，于是就和 A 家商量，让 A 家拿出 2 个指标给 B 家，这样矛盾就平息了。村委干部讲，当时村民仅知道扶贫的事，但具体细节不清楚，那几年农业收成好，对贫困户也没有施行扶贫政策，所以村民并不关心谁是贫困户、谁不是贫困户。二是受给定贫困人口数的限制，按户计算不容易凑齐具体的数字，结果出现把一个户的人口数拆开统计的情况。

本次识别也出现了识别不精准的现象，据村干部讲，对"生活条件"一项的调查，因调查员不是本村人，不了解村民家庭的实际情况，对这项的调查是不够准确的，有的村民如实填报了家庭的生活状况，有的村民却掩盖了真实的家庭生活状况，结果如实填报的没评上贫困户，没如实填报的却评上了贫困户。本次调查没有覆盖全村各户，对不在家的农户和目测比较富裕的农户没有进行入户调查，这里不乏漏掉的贫困户。

（五）第二批脱贫户的确立

2016 年 11 月，按突泉县扶贫办要求，各个贫困村开展脱贫工作，脱贫条件即年人均收入超过 3100 元。收入包括两部分：一部分是产业扶贫带来的分红，每人每年500 元；另一部分是打入农民"一卡通"①里的国家惠农补贴。两项收入相加，如果人均收入超过 3100 元就得脱贫。至 2016 年底，六户村共脱贫 19 户 50 人。

据突泉县扶贫工作的干部和村干部介绍，从 2014 年开始内蒙古自治区实施农村牧区"十个全覆盖"工程，2014~2016 年突泉县政府把工作重点放在了该工程上，扶贫工作推迟延缓，直至 2016 年末，才开始纳入议事日程。

"十个全覆盖"工程是在 2014 年 1 月内蒙古自治区农牧区工作会议上提出的，即内蒙古自治区将按照"生产发展、生活宽裕、乡风文明、村容整洁、管理民主"的要求，扎实推进新农村新牧区建设。其中，计划利用 3 年时间实施农村牧区"十个全覆盖"工程，以提高公共服务水平（见图 4-16）。工程包括危房改造工程、安全饮水工程、街巷硬化工程、电力村村通和农网改造工程、村村通广播电视和通信工程、校舍建设及安全改造工程、标准化卫生室建设工程、文化室建设工程、便民连锁超市工程、农村

---

① "一卡通"为六户村农民使用的中国农业银行储蓄卡，卡中款项主要来自国家惠农政策的各种补贴。

牧区常住人口养老医疗低保等社会保障工程。"十个全覆盖"工程客观上为扶贫工作的开展起到了前期铺垫的作用。

图 4-16　六户村彩钢瓦屋顶

三　2017 年 6~10 月贫困户的识别

（一）贫困户识别"回头看"

2017 年 6~8 月，按照中央第二巡视组对内蒙古自治区脱贫攻坚"回头看"反馈意见中关于精准识别的整改要求，自治区出台了《关于进一步打牢精准扶贫工作基础的方案》和兴安盟出台了《关于落实中央巡视组反馈意见专项整改方案》，方案要求确保建档立卡贫困人口应纳尽纳、应退尽退、应扶尽扶、动态管理。根据要求突泉县脱贫攻坚指挥部出台了第 19 号文件——《突泉县贫困人口识别"回头看"工作实施细则》（见附录 2）。细则要求：①剔除错评人口，即八类人员。这八类人员包括：家庭成员中有财政供养人员的；家庭成员名下在城镇有商品房的；个体工商户；经营公司、入股公司的；合作社法人；购买小轿车的；购买大型农机具的；有家庭成员任村"两委"的。还有一类为优亲厚友、弄虚作假、徇私舞弊、信息失真以及不符合贫困对象识别条件的人员。②识别"档外人口"。以 2016 年家庭人均纯收入低于 2952 元为标准，还要综合考虑危房、因病致贫、因贫辍学、识别后家庭出现重大变故的因素，重点核查核实低保人员、外出务工返乡人口、各类移民人口、隔代居住人口。③核查脱贫人口。④整改"非整户"识别退出问题。

六户村在本次"回头看"中，由村委、村党支部、村监委会"三委"成员组成扶贫工作组，研究预定贫困户，再经六户镇党委班子成员和村委成员共同进行研判，最后确定 19 人为贫困人口。一是对非整户识别的进行调整，调整后整户纳入贫困户，共加入 14 人；二是识别"档外人口"，共 2 户 5 人。因对这次识别工作宣传的力度不大，村民知晓程度不高。

（二）六户村扶贫工作调查

2017 年 10 月 21 日，由突泉县委副县长带队，抽调县政府办、县扶贫办、县扶考办及部分乡镇扶贫业务骨干共 50 人，组成 25 个调查组深入六户村开展入户问卷调查

（见附录3），计划走访六户村全部农户，实际走访了428家农户，因83户家中没人，未能入户调查。各组对调查问卷进行梳理汇总，发现扶贫工作中存在以下问题。

（1）识别、退出不精准。存在错评、漏评、非整户识别问题，存在贫困户不知自己是贫困户，没有帮扶措施，教育、健康、住房未达到脱贫标准就被脱贫。

（2）扶贫政策宣传不到位，群众对6~8月贫困户动态调整和教育、健康、大病医疗等扶贫政策措施知晓率不高。

（3）贫困户识别程序缺失，贫困户是被认定为贫困户的，不是按程序自己申请，没有召开村民大会，贫困户名单没有公示或公示知晓率不高，评定贫困户过程不够公开透明，存在村干部优亲厚友现象，群众对村干部意见较大。

（4）产业菜单单一，没有充分尊重贫困户意愿因户施策发展产业，产业措施进展缓慢。

（5）驻村工作队、帮扶干部入户少，群众认可度、满意度低，驻村帮扶工作成效不明显。

突泉县派出工作组针对这次检查提出整改意见，提出检查的目的是以"解剖麻雀"的方式帮助六户村发现问题、解决问题，但由于工作队成员对六户村乡风民情、农户实际情况没有全面了解和掌握，单凭表面现象、群众反映和主观判断，也许与实际情况相背离，与客观实际不相符，需要镇、村两级针对问题逐户逐项再核实再研究，对确实存在的问题要举一反三，立行立改。一是开展问题核实，对问题进行分类梳理，逐户逐项再调查再核对，问题属实的抓紧整改，不属实的做好解释说明。二是加强精准识别，对贫困户识别标准，识别及退出程序进行认真"回头看"，确实做到无错评、无漏评、无错退、无"非整户"识别。三是强化干部帮扶，加强对住村工作队、第一书记、村"两委"干部的业务培训和日常管理，确保各项扶贫政策宣传到位，落实到位，取得实效。四是加强宣传引导，做好群众思想教育、政策宣传引导，激发内生动力。

四 2017 年 11~12 月贫困户的识别

2017 年 11 月，根据国务院扶贫办《关于做好 2017 年度扶贫对象动态管理工作的通知》（国开办司发〔2017〕36 号）和自治区《关于做好 2017 年度扶贫对象动态管理工作的通知》要求，突泉县脱贫攻坚指挥部出台了〔2017〕35 文件《2017 年扶贫对象动态管理工作实施方案（试行）》（见附录 4），在全县各个乡镇的贫困村再次开展了扶贫对象动态调整工作，这次的调整工作投入的力度之大、调查的认真彻底是开展扶贫工作以来空前的。

突泉县脱贫攻坚指挥部出台具体的实施方案，结合扶贫对象采集，开展一次全面摸底清查，对建档立卡工作动态调整，按照"谁识别、谁签字、谁负责"的原则，建立从精准识别到精准退出的责任倒查问责机制，确保摸底清查质量。通过全面摸底，动态管理，做到清根见底，应纳尽纳、应扶尽扶、应退尽退，识别和退出精准。

（一）制定工作细则

六户镇党委制定动态调整工作方案，镇扶贫办对全镇扶贫第一书记、村书记、村主任、村秘书进行业务培训，同时在镇扶贫公众号、各村"心连心微信群"同步发布贫困户摸底清查工作实施方案，广泛宣传讲解贫困户动态调整的相关政策。村扶贫第一书记对驻村工作队、科局帮扶责任人、村民代表进行业务培训。六户村村委制定工作实施细则，上报镇党委 (见图 4-17)。

（二）入户调查

以驻村工作队、科局帮扶责任人为主要力量，形成包括第一书记、驻村工作队队员、帮扶责任人、党员、村民向导组成的调查组，共 38 人，每 2 人一组，分头对村

图 4-17　2017 年 11 月 4 日六户镇政府召开建档立卡贫困户摸底清查工作动员部署大会

内所有农户逐户入户登记，要完成以下四项任务 (见图 4-18)

（1）填写《贫困户信息采集表》、《贫困户家庭成员自然增加情况表》、《贫困户家庭成员自然减少情况表》以及《农牧民摸底清查信息采集表》，采集常住农户信息。

（2）确定户代表。每户确定一名具有完全民事行为能力的户代表，其将作为召开户代表会的成员，对要产生的贫困户进行讨论投票。全村的户代表名单在村微信群内公示。

（3）根据各类入户调查表采集到的情况，统计各户的得分。

（4）让村民对照"两不愁、三保障"标准进行自我评定，认为符合贫困户条件的可提出申请。

图 4-18　2017 年 12 月六户村扶贫工作队加班

（三）拟出贫困户候选户名单

入户调查结束后，组织村"两委"、第一书记、驻村工作队、党员、村民代表组成工作小组，汇总得分较高的初拟贫困户名单。以社为单位，每个社对初拟贫困户名单上的本社的农户进行分数排序。对各个社排序后的户名单，由六户村"三委"班子、科局帮扶工作组成员、村民代表、党员组成的研判小组对名单上各户的情况进行比对研判。然后由村动态调整领导小组结合各类入户调查表的打分情况、群众的申报情况、村研判小组的排序情况，拟出候选户名单。最后以社为单位，召开户代表大会，对候选户名单进行评议，本次评议的结果共拟出 64 户候选户。

（四）召开小范围会议

候选户名单初步确定之后，在村动态领导小组组织参与下，分别以社为单位，召开党员和村民代表会议，公布初步研判结果，对这些户评为贫困户是否可行征求意见。

（五）引入"大数据系统"①

因在小范围会议上，有的社村民代表对贫困户候选户名单提出异议。为了在群众攀比时能够拿出一把尺子来对比，增加说服力，村动态领导小组决定引入突泉县宝石镇开发出来的"大数据系统"，计算出每个家庭的收入和支

---

① 大数据系统，是内蒙古突泉县宝石镇政府开发的用于计算农民家庭人均收入的一个指标体系。

出，以户人均收入 3200 元画线，家庭人均收入低于 3200 元的划入贫困户候选户。结果"大数据系统"计算出来的目标贫困户和实际通过打分、比对、研判拟订出来目标贫困户有 80%~90% 是吻合的。

（六）召开户代表会

户代表会以社为单位，九个社的户代表会在村部的两个会场同时举行，对 64 户候选贫困户进行投票，现场唱票，通过两天的投票选举，57 户通过，7 户落选。

（七）利用流动票箱再投票

因每社的户代表会的参会率低，低于每个社总人数的 2/3，有的社甚至还达不到 20%，动态领导小组决定，九个社统一采取流动票箱的形式对 57 户候选贫困户进行逐户入户再次投票，投票全程录像，资料存档。这次有 20 户落选，剩余 37 户（见图 4–19）。

（八）第二次研判

通过流动票箱投票后，出现了人情票、家族票（即同一个家族间互相投票）的现象。针对这一情况，依据突泉县扶贫办的文件要求，面对特殊情况，不能绝对地以票而论。这次由县扶贫办、县政府办、村动态调整领导小组共同组成了一个综合研判组，本着逼近现实的原则，从生活的实际情况出发，在大病、癌症、残疾、卧床等方面进行综合考量，不符合贫困户条件的，即使得票数

图 4-19　2017 年 11 月六户村贫困户选举

很高也不能被评为贫困户，生活确实困难的边缘户，或者本身智力有问题的人，即使他们跟各家各户缺乏来往，导致百姓对他们认可度低而不选他们，研判小组也将这些户纳入进来。

（九）公示结果

经过村级几轮的选举和研判，初定贫困户 40 户共 102 人，在村委公告栏、各个社显著的位置以及村"心连心微信群"公示 7 天。再报镇政府审核确定后，村里再进行第二次公示，公示无异议报送县扶贫办复审，复审结束后在村里进行公告。截至 2017 年 12 月，六户村共有建档立卡贫困户 123 户 282 人，其中包括：2016 年脱贫 19 户 53 人，2017 年脱贫 14 户 36 人，稳定脱贫 1 户 3 人，未脱贫 89 户 190 人（见图 4-20）。

图 4-20　2017 年 12 月 4 日六户村村委对选举和
研判贫困户的结果进行第二次公示

第三节　贫困户精准脱贫的实践

中共中央国务院打赢脱贫攻坚战的总体目标是，到
2020 年，稳定实现农村贫困人口不愁吃、不愁穿，义务
教育、基本医疗和住房安全有保障。实现贫困地区农民人
均可支配收入增长幅度高于全国平均水平，基本公共服务
主要领域指标接近全国平均水平。确保我国现行标准下农
村贫困人口实现脱贫，贫困县全部摘帽，解决区域性整体
贫困。

内蒙古自治区的目标是，到 2017 年，基本消除绝对
贫困现象，26 个区级贫困旗县全部摘帽；到 2020 年，现
行标准下农村牧区贫困人口稳定脱贫，31 个国贫旗县全部

摘帽。

实现目标必须在精准识别精准施策上下绣花的功夫，要做到"六个精准"、走"五个一批"的途径，即扶贫对象精准、项目安排精准、资金使用精准、措施到户精准、因村派人精准、脱贫成效精准，发展生产脱贫一批、易地搬迁脱贫一批、生态补偿脱贫一批、发展教育脱贫一批、社会保障兜底一批。

六户村的具体扶贫措施，在贫困户识别一步步精准的前提下，在上级各级扶贫部门的扶贫措施框架的指导下一步步开展起来。

一 兴安盟扶贫举措

精准脱贫要靠精准的扶贫措施实现。2017年以来，随着"十个全覆盖"工程的落幕，扶贫工作提上议程，内蒙古自治区兴安盟围绕贫困户的"两不愁、三保障"，制定了驾好产业扶贫、住房保障"两挂车"，全力编织好教育扶贫、健康扶贫、生活救助"三张网"的脱贫攻坚措施。

（一）"两挂车"——产业扶贫和住房保障

1. 产业扶贫

第一，"菜单式"扶贫模式。针对具有一定能力和较强产业发展意愿的人口，政府列出产业扶贫项目菜单，贫困户自愿选择项目，政府给予资金补贴和技术指导，由合作社组织贫困户与扶贫龙头企业签订"保底收购"订单，确保产品有销路、有收益。平均每人奖补1万元，并借助农投公司担保，支持1万元贴息贷款。

第二，"资产收益式"扶贫模式。针对无劳动能力的贫困人口，贫困户利用政府产业扶贫资金及金融扶贫贷款或贫困户自有的土地、牲畜、农机等资产，以投资形式入股扶贫龙头企业或合作社，并建立健全的收益分配机制，明确分配比例，资产收益率不低于8%。

第三，"托管式"扶贫模式。针对无生产经营能力的贫困人口，即贫困户利用政府产业扶持资金购买的牲畜、机械或自有土地委托给企业、合作社、经营大户代养代管代耕，经营者收取一定的费用，其余收益返还给贫困户。

第四，"龙头带动式"扶贫模式。对带动贫困户发展的龙头企业（合作社）在产业化项目上给予倾斜支持，通过项目支持、贷款资金扶持等政策，建立农企紧密利益联结机制，通过农牧民订单、企业保底回收等途径，降低贫困户生产经营风险，解决农畜产品销路问题。

2.住房保障

第一，实施易地扶贫搬迁。对"一方水土养不起一方人"的贫困地区人口，通过采取行政村扩建、移民村新建，迁入城镇、园区、乡村旅游区，结合幸福院安置、农村空置房安置、投亲靠友安置的"两建、三迁、三结合"的方式，按规划、分年度、有计划、有组织地推进易地搬迁，完善搬迁后续扶贫政策，确保群众搬得出、稳得住、能致富。

第二，实施就地改造。一方面是补贴自建，针对建档立卡贫困户实施农村危房改造，每户补贴18732元；另一方面是政府统建，针对生活特殊困难、无资金自筹能力特困户、残疾人家庭及孤寡老人等，按照政府保底、全额补贴的方式，帮助新建40平方米住房（见图4-21、图4-22）。

第三，实施幸福院建设。采取集中建设养老互助幸福院模式，多方整合建设资金，将农村牧区无力进行重建维修加固房屋的建档立卡贫困户、无房户等人群整合迁入互助幸福院，实行"集中居住、分户居住、社区服务、互助养老"。

图4-21　六户村贫困户的住房

图 4-22　六户村为贫困户建造的 40 平方米 / 户的住房（内外设施）

（二）"三张网"——教育扶贫、健康扶贫、生活救助扶贫

1. 教育扶贫

兴安盟出台了《兴安盟教育扶贫政策措施》，2016 年

开始，从学前教育阶段到高等教育阶段层层奖补，资金由政府兜底，大幅减少建档立卡户自筹额度，有效解决贫困户子女上学问题，切实阻断贫困的代际传播。

第一，学前教育阶段。儿童、孤儿、残疾儿童保教费补助 2000 元。

第二，义务教育阶段。小学寄宿生生活费补助标准，汉语授课每人每年 2000 元，双语授课每人每年 2350 元。初中寄宿生生活补助标准，汉语授课每人每年 2500 元，双语授课每人每年 2870 元。

第三，高中教育阶段。助学金补助标准每人每年 3000 元。

第四，特殊教育阶段。学生伙食费补助标准每人每年为 4500 元。

第五，高等教育阶段。对未享受低保待遇家庭的大学生，每人每年给予 1 万元助学金补助。对贫困户家庭初中、高中毕业生不能考入高中或大学的子女，免费进入兴安盟职业技术学院学习，每人每年补助 1 万元。

2. 健康扶贫

第一，基础医疗保险。对建档立卡贫困人口参加基本医疗保险个人缴费部分政府给予全额补贴。

第二，住院就医对。建档立卡贫困人口在各级定点医疗机构住院就医，基本医疗起付线降低 50%，报销比例提高 10%。年度内在同级别医疗机构再次住院的取消基本医疗报销起付线。病残儿童及重度残疾人在二级以下定点医疗机构住院治疗的，取消基本医疗报销起付线。

第三，门诊就医。对建档立卡贫困人口门诊特慢病基本医疗报销支付比例提高15%。

第四，家庭病床。对建档立卡贫困人口卧床不能自理的残疾人及因重病卧床的病人，设立家庭病床，医保目录内医疗费可在基本医疗保险中报销，月报销限额350元，也可按年报销4200元为限。

第五，商业补充保险。对建档立卡贫困人口建立商业补充保险制度，每年保费由政府全额补贴。

第六，政府兜底医疗救助。设立贫困人口大病保障基金，健康扶贫对象住院医疗费经基本医疗保险、大病保险、商业补充保险报销后，政府再给予个人负担医保目录内住院医疗费90%的兜底医疗补助。

3. 生活救助扶贫

从2017年起到2020年底，对未纳入低保范围且符合下列条件之一的建档立卡贫困人口（包括2016年至2020年期间脱贫人口）享受每人每年2400元生活救助政策。一为年满65周岁以上的建档立卡贫困人口。二为享受"家庭病床"政策且长期卧病在床的贫困人口。三为丧失劳动能力且生活不能自理的重度残疾（一、二级）贫困人口。

具体措施可见表4-1兴安盟《精准扶贫"两挂车"政策措施宣传表》和表4-2《精准扶贫"三张网"政策措施宣传表》。

表 4-1　精准扶贫"两挂车"政策措施宣传表

类别	项目名称	产业扶贫				住房保障					
		奖补对象	奖补标准	奖补方式	备注	项目名称	安置方式	安置对象	奖补标准	标准	后续产业
基础产业	芦花鸡养殖	2016年以来贫困户	每户奖补3800元（100只22日龄鸡雏1100元、鸡笼2200元、200元保险、过渡饲料300元）	用奖金资金购买鸡雏、鸡笼、保险、过渡饲料	在奖补资金范围内贫困户可多选	易地搬迁	集中安置		人均6万元，其中人口补贴人均2万元，基础设施建设补贴人均4万元	2口人户47平方米户型、3口人及以上户60平方米户型、室内装修、达到入住标准	自愿选择扶贫车间、公益性岗位、春州园区域检园区检站流园区检业就业
	扶贫车间技能培训	2014年以来技能贫困户	每人每天奖补20元，最多奖补5个月。5个月后计件获得加工收入	培训第11日起开始奖补			分散安置			砖墙做外墙保温，PLD材料外墙刷涂料、彩钢房顶，室内标准装修达到入住标准	自愿选择产业奖补菜单，持续奖补3年
提升产业	养猪	2016年以来贫困户	能繁母猪每头奖补1000元，10公斤以上仔猪每头奖补200元	先买后补	奖补资金存入银行放大3.4倍贷款，每人可贷1万元，用于发展产业。每人共持续奖补3年，每人共计奖补9000元，奖补资金用于偿还贷款		幸福院安置	2016年以来贫困户	每户4万元	占地1000~2000平方米，一般为10室，配备20户，统一供暖（仓房），其中住房面积不超过35平方米，配备水冲厕所，厨房、卧室、配套沙发、储物柜，洗手池、洗菜盆等，庭院菜园30平方米	
	养牛		能繁母牛每头奖补3000元			危房改造	新建		每户4万元	砖墙做外墙保温，彩钢房顶，PLD材料外墙刷涂料，室内标准装修达到入住标准	
	养马		能繁母马每匹奖补3000元				维修		地面60元/平方米，墙壁21元/平方米，棚顶20元/平方米	整体住房整齐美观，达到住房安全标准	
	养驴		能繁母驴每头奖补3000元								
	特色产业		其他特色产业项目，采取"一事一议""特事特办"的方式实施								
生态补偿	生态护林员	2016年以来贫困户	签订护林员的贫困户每年1万元	季度发放	按家庭人口数签订护林员合同年限（最低签订3年）						

注：1. 本政策实施年度：2017-2020年。
2.2016年1月1日以后建档立卡人口（不符合条件剔除的人口除外）。

资料来源：桑泉县脱贫攻坚指挥部领导小组室，2017年6月1日。

表4-2 精准扶贫"三张网"政策措施宣传表

教育扶贫			健康扶贫			生活救助扶贫		
对象范围	项目内容	补助标准	对象范围	补贴项目	享受政策	对象范围	补贴项目	享受政策
学前教育段	学前教育儿童（保教费补助）	2000元	健康扶贫对象	基本医疗保险	参加基本医疗保险，政府全额补贴	未享低保年满65周岁以上建档立卡贫困人口	生活救助	每人每年享受2400元生活救助金
	学前孤儿（保教费补助）	2000元	健康扶贫对象中在各级定点医疗机构住院就医的人员	住院就医	1.就医起付线降低50%，报销比例提高10%。2.年度内在同级别医疗机构再次住院的取消起付线。3.病残儿童及重度残疾人员在二级以下定点医疗机构就医取消起付线			
	学前残疾儿童（保教费补助）	2000元						
	小学寄宿生生活补助	2000元						
义务教育段	小学寄宿生生活补助（蒙汉双语）	2350元	健康扶贫对象中患特殊慢性病的人员	门诊就医	特殊慢性病门诊药物治疗报销比例提高15%	未享低保享受"家庭病床"政策且长期卧床的建档立卡贫困人口	生活救助	每人每年享受2400元生活救助金
	初中寄宿生生活补助	2500元	健康扶贫对象中的长期卧床特殊慢性病者，经医保部门审批，由一、二级定点医疗机构家庭设立病床进行治疗的人员	家庭病床	医保目录内医疗费用月报销限额350元，年报销限额4200元，超出部分由定点医疗机构负担			
	初中寄宿生生活补助（蒙汉双语）	2870元						
高中教育段	高中（职高）国家助学金补助	3000元						

续表

教育扶贫			健康扶贫			生活救助扶贫		
对象范围	项目内容	补助标准	对象范围	补贴项目	享受政策	对象范围	补贴项目	享受政策
特殊教育阶段	特殊教育学生伙食费补助	4500元	健康扶贫对象	商业补充保险	1. 建立商业补充保险，保费政府全额补贴。2. 大病医疗费报销最高限额42万元	未享低保丧失劳动能力且生活不能自理的一、二级重度残疾建档立卡贫困人口	生活救助	每人每年享受2400元生活救助金
高等教育阶段	未享受低保待遇的大学生助学金补助	1万元	健康扶贫对象中住院医疗人员	政府兜底医疗救助	1. 设立贫困人口大病保障基金。2. 健康扶贫对象住院医疗费用经基本医疗保险、大病保险、商业补充保险报销后，政府再给予个人负担住院医疗费90%的兜底医疗救助	备注：对符合农村低保条件的建档立卡贫困人口，按规定程序纳入低保范围（同等条件下残疾人优先）		
	贫困户家庭初中、高中毕业生不能考入高中或大学不能考入大学的子女免费进入兴安职业技术学院五年制或三年制大专学习、助学金补助	1万元						

注：1. 本政策实施年度：2017~2020年。

2. 2016年1月1日以后建档立卡人口（不符合条件剔除的人口除外）。

资料来源：某泉县脱贫攻坚指挥部领导小组官，2017年6月1日。

二　突泉县的扶贫举措

在兴安盟脱贫攻坚的总体部署下，各旗县根据本地的实际情况出台具体的地方扶贫措施。

突泉县人民政府办公室就产业扶贫出台了《突泉县2017年脱贫攻坚产业奖补实施方案》（突政办发〔2017〕46号）（见附录5），坚持"县指导、乡把关、村落实、户参与"的原则，坚持"芦花鸡产业兜底＋自选菜单提升相结合"的原则，坚持"贷款贴息、先建后补"的原则，利用"三到村三到户"资金7216.3万元，对2017年度实施的脱贫产业进行奖补。

（一）基础兜底产业

1. 芦花鸡养殖产业

针对2016年以来所有建档立卡贫困户。选择芦花鸡产业，每户最高奖补3800元（按每人3000元核减奖补指标）。

2. 扶贫车间培训加工

针对2014年以来所有建档立卡贫困户，选择扶贫车间技能培训的，从培训第11天起每人每天奖补20元，技术熟练后转为计件工资时停止奖补，奖补时限每人不超过5个月，每人最高奖补至3000元。

（二）提升产业

1. 养殖业

能繁牛、马、驴等每匹（头）奖补3000元；能繁母猪每头奖补 1000 元，10 公斤以上仔猪每头奖补 200 元。

2. 特色产业

发展其他特色产业，由村委会、乡镇政府按程序逐级报批，由县脱贫攻坚领导小组办公室采取"一事一议""特事特办"的方式实施。

（三）分类施策细则

2017 年 11 月，突泉县又出台了具体的精准扶贫分类施策实施细则，具体见表 4-3。

三 六户村的扶贫举措

根据兴安盟和突泉县扶贫措施的框架，六户村制定了相应的具体扶贫措施。包括产业扶贫、危房改造、生态扶贫和易地搬迁扶贫。对教育扶贫、健康扶贫、生活救助扶贫等措施的施行，则统一按照兴安盟"三张网"扶贫的标准进行。

（一）牲畜养殖

针对 2016 年的脱贫户，与内蒙古三阳牧业有限公司合作，按照"政府支持、企业主导、农户配合"和"权责明确、平等公开、互惠互利、择优发展"的原则，开展"政府＋企业＋贫困户"模式的各种形式的合作养殖。村委会从 2016 年"三到村三到户"扶贫资金为贫困户每口人出资 3000 元购买基础母羊，托养到三阳牧业有限公司，

表4-3 炎泉县精准扶贫分类施策

类别	政策名称	政策内容	一般农户（含清退户）	贫困户（含新识别户、返贫户）	正常脱贫户（评为退出户）			稳定脱贫户
					2016年脱贫户	确定2017年脱贫户	确定2018年贫困户	
住房保障	一般危房改造政策	未享受危房改造政策的，按照住建部门标准要求，维修补贴上限10000元（以实际发生为准），翻建执行国家现行补贴标准（60平方米以内）	1	0	0	0	0	1
	贫困危房改造政策	新建40平方米补贴40000元，维修补贴10000元以内（以实际发生为准）	0	0	1	1	1	0
"两挂车"	扶贫产业奖补	每人每年产业奖补资金3000元，连奖3年，可存入银行放大使用	0	1	1	1	1	1（政策享受到2017年底）
产业扶贫	牧业再造笑泉	银行为符合贷款条件的农户贷款30000元以内，期限3年，农户自付利息1厘，其余利息由财政贴息，扶持农户养殖牛驴马等大畜、基础母畜、芦花鸡等	1	0	0	1	1	1
	再贷分红	贫困户贷款，企业使用，贫困户享受分红，财政贴息	0	1	1	1	0	1（2018年起不再贴息）
	资产收益	奖补资金借给企业使用，贫困户享受分红政策	0	1	1	1	1	1

类别	政策名称	政策内容	一般农户（含清退户）	贫困户（含新识别户、返贫户）	正常脱贫户（评为退出户）			稳定脱贫户
					2016年脱贫户	确定2017年脱贫户	确定2018年贫困户	
"三张网"	教育扶贫		0	1	1	1	1	1（政策享受到2017年底）
	健康扶贫		1	0	0	1	0	1
	生活救助		1	1	1	1	1	1
	大病县助政策	大病县助，上不封顶	1	0	0	0	0	1
	临时救助	因突发性、临时性原因造成基本生活临时困难的，农户给予非定期、非定量的救助	1	1	1	1	1	1
	农村低保	农村居民最低生活保障，保障对象是家庭年人均纯收入低于当地最低生活保障标准的农村居民	1	1	1	1	1	1
其他政策	助学贷款	大专和本科每年8000元，研究生每年12000元，在校期间零利息，毕业后还款	1	1	1	1	1	1
	学生交通补助	大学新生一次性补助，区内500元，区外1000元	1	0	0	0	0	1
	生态护林员	2017~2019年，每年工资10000元	0	1（按合同执行）	1（按合同执行）	1（按合同执行）	1（按合同执行）	1（执行2017年合同，2018年取消）
	新增扶贫政策	2018年起，新增的扶贫政策	0	1	0	0	0	0

注："1"表示可以享受，"0"表示不能享受。

分红方式为每口人每年 500 元的分红，连续实施 3 年。贫困户人均收入达到脱贫标准后，不再享受企业分红，办理退出手续。托养协议结束后，贫困户有两种选择，一可领回每口人 2.5 只羊，二可领回每口人 3000 元的资金。六户村共有 19 户 50 人参与合作。

针对预脱贫户，以发展养殖业进行脱贫。养殖能繁牛、马、驴等大牲畜，通过"过腹增值"方式，增加贫困户的收益（见图 4-23）。在具体实施中，政府利用"三到村三到户"的扶贫资金，以每口人投入 3000 元作为基础资金，再将基础资金放大 3.4 倍，到内蒙古村镇银行进行贷款，政府负责贴息。村委管理和支配贷款资金，负责为贫困户购买牲畜，或者负责支付贫困户个人购买的牲畜。参与这种产业模式，六户村有 41 户 88 人。

对于年龄大、没有劳动能力饲养牲畜的贫困户，通过承贷分红的模式促进贫困户脱贫。这一模式是六户村与突泉县绿丰泉牲畜养殖农牧科技有限公司合作来完成的。承贷分红模式以企业为主体，将贫困户扩充为合作社成员，以"企业＋合作社＋贫困户"的方式，捆绑贷款，承贷分红。以贫困户名义贷款的资金，作为本金入股合作社，合作社将贷款集中转让给企业使用，年底企业按 10% 的比例分红给贫困户。六户村参与此项目的共涉及贫困户 56 户 105 人。

（二）冷棚种植

内蒙古银行为六户村的厅局定点帮扶单位，从 2011 年开始对六户村进行定点帮扶，当时的帮扶目的是壮大集

图4-23　六户村贫困户饲养的能繁牲畜

体经济，每5年为一个帮扶周期。2016年开始进入第二个帮扶周期，在第二个帮扶周期，内蒙古银行开始把投资方向转向扶贫工作，投资17.1万元，新建19栋，共5700平方米的冷棚，每幢冷棚300平方米，以产业扶贫的方式，分别由19户贫困户承包，种植反季节蔬菜。

（三）能繁母牛养殖

2017年，内蒙古银行将继续对六户村投资，把未建成的秸秆转化饲料场改建为"能繁母牛基地"。以打造"合作社 + 养殖小区 + 贫困户"的村集体经济产业发展模式，由村集体成立能繁母牛养殖专业合作社，设立董事会、监事会等。通过对村集体用地的合理规划运作，为没有养殖成本的贫困户提供资源和场地。该繁育场由合作社统一经营，通过多方资金联动支持，由合作社向企业购买优质基础能繁母牛进行日常饲养，通过饲养 – 接种 – 生产 – 再饲养 – 企业回收的方式，实现增收。在效益分配方面，内蒙古银行帮扶投入资金及村集体自筹资金作为该养殖小区基础股，养殖小区总股份中的60%份额归村集体所有，剩余部分由贫困户按每人1万元标准进行资金入股投入，占养殖小区总股份的40%，养殖小区每年拿出收入的40%作为贫困户收入进行分红，剩余收入归村集体所有，使村集体、贫困户实现收入的双赢。

（四）危房改造

危房改造是内蒙古自治区"十个全覆盖"工程中之一，"十个全覆盖"工程与扶贫工作相连接，危房改造工作延续下来。

据村干部介绍，2016年是"十个全覆盖"工程的最后一年，当时规定，翻建房的面积必须在40平方米和60平方米，每户补助19732元，要打地梁和上梁，外墙贴苯板刷涂料，安装防盗门、塑钢窗，起脊房顶且不得使用单片彩钢瓦；维修户每户补助5000元，要做到换门窗、房顶、做外墙保温三样缺一不可。必须通过城乡建设局验收合格，才能发放补助。这些补助只够料钱不够砖钱，资金不够的，自己解决，自己建房和维修房屋。当时有土房的百姓因习惯住土房，而且土房还能住人，百姓没有建房。后来政府提出消灭土房的政策，但百姓还是不同意建房，原因是给补助的建房款远远不够建房的。比如，盖60平方米的房，装修完大概要7万元左右，与补助差出5万元。2017年是内蒙古自治区成立70周年大庆，"十个全覆盖"工程要在自治区大庆之前结束，政府号召百姓要抓住 2016 年的机会，抓紧盖房，2017 年不知道还有没有这个补助政策。后又出台一个政策，对年纪大者，找不到施工队的，镇上统一派施工队。要求是要么你把地基打好，其余工程由施工队负责；要么你出 5000 元，所有工程全由施工队来完成。虽然 40 平方米的砖房盖起来了，最后白建了，百姓都不住。

2017 年，通过扶贫工作，延续了建房政策。今年的政策是 1 平方米补助 1000 元，一户补助 4 万元，但每户要出 2000~3000 元的打地基费，政府派施工队统一建房，灶台、炕、地板砖、棚顶都装好。

2017 年，新建和维修房屋的共 80 户，其中新建 30 户，维修 50 户。

（五）生态扶贫

六户村的生态扶贫是通过贫困户在生态公益性岗位得到稳定的工资性收入的方式实现的，共有护林员 2 名，2016~2019 年三年共有 33000 元的收入。

（六）易地搬迁

六户村属温带大陆性气候，为半山半丘陵地区，属于半农半牧区，人居环境良好，大部分村民安居在六户村。只有一户贫困户的耕地，因 2016 年的大雨被冲毁变成砂石地，已不再适合耕种，这户贫困户在 2017 年通过易地搬迁政策迁居安置 2 人。

第五章

扶贫实践中的经验、
　　问题与对策

第一节　六户村贫困户精准识别的经验

就比对工作而言，是贫困户识别研判阶段的一个必要手段，对贫困户候选人的贫困条件进行比对是个复杂的琐碎的细致入微的工作，比对得越精越细、识别得就越精准，但这又是非常艰难的工作，因存在多个可进可出的边缘户，他们生活的水平相当，每户的情况又千差万别，他们相互"攀比"争当贫困户。这些户究竟谁能进谁不能进，用村干部的话讲"就得去比你家不比他家穷"。这既考验着研判小组成员的智慧，也考验着他们的公心。在此次的识别过程中，六户村扶贫工作动态调整领导小组做了认真细致的比对工作，多方面去调查核实，多角度思考，多维度研判，对候选户一户一户进行比对，分出七类户，即一般农户、新识别户、错识户、发展变化户、脱贫户、返贫户、未脱贫户，后来按自治区文件要求，把七类户改为六类户，即一般农户、贫困户、返贫户、正常脱贫户、稳定脱贫户、清退户。在研判过程中，村动态领导小组从三个维度进行研判：第一，以此次动态调整中突泉县脱贫攻坚指挥部出台的 35 号文件中《农户摸底调查综合研判评分表》为依据，对目标贫困户进行综合打分，达到研判精准。第二，通过"大数据系统"计算得出的家庭人均收入，对目标贫困户进行比对，做到识别有理有据。第三，以医疗、住房、教育"三保障"的状况，对目标贫困户进行比对，贴近事实，让百姓心服口服。

一 依据《农户摸底调查综合研判评分表》综合研判

村动态领导小组以《农户摸底调查综合研判评分表》为依据，作为综合评定贫困户的手段之一，对目标贫困户进行综合研判，使贫困户的识别更趋近精准。《农户摸底调查综合研判评分表》包括指标项"人均可支配收入""两不愁""住房情况""健康情况""上学情况""生产生活情况""加分项""减分项"。此表紧紧围绕"一条主线、两不愁、三保障"，识别退出验收标准和农户的刚性需求，通过对各项指标加权赋分，综合得分作为分类处理的参考依据之一，进行综合评定。突泉县脱贫攻坚指挥部出台的 35 号文件中规定，各乡镇可结合实际增减内容，调整赋分权重，可以乡镇为单位调整，也可以村为单位调整。表 5-1 为《农户摸底调查综合研判评分表》。

表 5-1　农户摸底调查综合研判评分表

农户姓名：　　　　　　　综合得分：　　　　　　　农户属性分类：

指标项	标准	建议权重	得分
人均可支配收入	人均可支配收入=（工资性收入+转移性收入+生产经营性收入+财产性收入）-生产经营性支出/家庭实际人口数 1.2952元以下，20分； 2.2952~3500元，10分； 3.3500元以上，0分	20%	
两不愁	好得0分，较好得1分，一般得2分，较差得5分	5%	
住房情况	住房安全有保障0分，危房20分（自有、租住、借住、敬老院、幸福院、易地搬迁、与子女同住、与他人合住均视为有安全住房）	20%	
健康情况	有1人得大病或重病得10分，有1人得长期慢性病得3分，一、二级重度残疾得10分，其他残疾得3分；健康得0分	25%	
上学情况	学前教育、小学生3分，初中生5分，高中生10分，大学生20分	20%	
生产生活情况	通过入户查看牲畜数量、财产情况、环境卫生、房屋装修等生产生活条件综合评定。 好0分，较好得3分，一般5分，较差10分	10%	
加分项	1.遭受重大灾害，损失严重加10分； 2.发生意外导致家庭成员重度残疾或终生丧失劳动能力的加10分； 3.供2名以上大学生上学的加10分； 4.有孤儿、先天性残疾儿童的加10分； 5.无钱住院或住院自费部分超过3万元以上的加5分，超过5万元以上的加10分； 6.确实需要建房，但村里没有房基地的加5分	累计算分	
减分项	1.因主观原因没有进行危房改造的减10分； 2.家庭成员有赌博、吸毒、抢劫、嫖娼等不务正业、违反乱纪等情况的减10分； 3.家庭成员中有"八类人员"的减10分； 4.子女是行政事业单位公职人员或经营企业公司的减10分； 5.家庭装修豪华、生活高档消费或有麻将机等设备的减10分； 6.有劳动能力但不去劳动的减10分； 7.为获取贫困户待遇而故意隐瞒收入、拆户并户、假离婚等弄虚作假行为的减10分	累计算分	
属性分类	1.一般农户；2.新识别户；3.错识户；4.发展变化户；5.脱贫户；6.返贫户；7.未脱贫户		

资料来源：六户镇扶贫办，2017年11月。

二 利用"大数据系统"比对家庭人均收入

大数据平台,是内蒙古突泉县宝石镇政府开发的用于计算农民家庭人均收入的一个指标体系。突泉县的扶贫工作系统统称为"大数据系统"。

(一)家庭收入项目

$$家庭人均收入 = \frac{家庭收入 - 家庭支出}{家庭人口数}$$

农民家庭收入包括三个部分:一是劳动力收入。二是农民"一卡通"内的惠农补贴收入。三是在"一卡通"内不能体现出来的其他收入,包括土地流转收入、饲养牲畜收入、子女为财政供养人员的收入、赡养费收入等。

1. 劳动力收入

$$劳动力收入 = 劳动力系数 \times 设定的劳动力年收入$$

分性别划分六个年龄段,男性分为 18~45 周岁、46~50 周岁、51~60 周岁、16~18 周岁(不含)和 61~70 周岁、71~80 周岁、16 周岁以下和 81 岁以上六个年龄段。女性分为 18~40 周岁、41~45 周岁、46~55 周岁、56~65 周岁、66~75 周岁、76 周岁以上六个年龄段。根据每个人的年龄段和身体状况,设定不同的劳动力系数,具体见表 5-2。同时设定每个正常的劳动力年收入为 6554.4 元。

表5-2 分年龄、性别、身体状况的劳动力系数

类别	男18~45周岁（含）女18~40周岁（含）	男46~50周岁（含）女41~45周岁（含）	男51~60周岁（含）女46~55周岁（含）	男女16~18周岁（不含）男61~70周岁女56~65周岁	男71~80周岁女66~75周岁	16周岁以下男81周岁以上女76周岁以上
正常人员	1	0.8	0.6	0.4	0.3	0.2
有部分劳动能力的残疾人员 肢体、智力、精神4级 语言听力3、4级 视力3、4级	0.7	0.5	0.3	0.2	0.1	0
慢病人员	0.4	0.3	0.2	0.1	0	0
有少部分劳动能力的残疾人员 肢体、智力、精神残疾3级 语言残疾1、2级 视力残疾视力1、2级	0.2	0.1	0	0	0	0
完全丧失劳动能力的重残人员 肢体、智力、精神残疾1、2级 视力残疾盲1、2级	0	0	0	0	0	0
大病人员	0	0	0	0	0	0

资料来源：六户村村委，2017年11月。

2.“一卡通”内的收入

包括农牧区最低生活保障补助、草畜平衡奖励、农业支持保护补贴、种植业保险赔款、农牧民冬季取暖补贴、玉米生产者补贴、寄宿生生活补助、灾民生活救助、长寿补贴等。这些补贴，因户而异。

3.其他的收入

赡养费收入：即子女有能力为老人提供赡养的费用，按每人每年300元计入家庭收入。

子女为财政供养人员的收入：按每人每年4000元计入家庭收入。

土地流转收入：土地流转收入系数 × 亩数 = 土地流转收入，设定土地流转收入的系数为100。

牲畜养殖收入：各种牲畜收入按当年价格计算，计入家庭收入，具体见表5-3。

表5-3　牲畜养殖单价

单位：元

项目	猪	肉牛	羊	奶牛	驴	马	禽类
单价	300	1600	200	2000	1600	1600	10

资料来源：六户村村委，2017年11月。

（二）家庭支出项目

家庭支出在“大数据系统”中，作为家庭人均收入的核减项部分，各核减项分别设定一个系数，见表5-4。主要包括三个部分：一是家庭中有大病和重疾患者的支出，孤儿或先天残疾儿童等的支出。二是危房无房的支出，即有房地产部门出具证明的 C 级危房和 D 级危房，或绝对无房。三是家庭中有高中生、大学生的教育支出。

$$家庭支出 = \sum_n a_n b_n$$

其中，a_n 表示核减项的数量，b_n 表示核减项的系数，家庭支出等于每个核减项数量与该核减项系数的乘积之和。

表5-4　核减项系数

项目	大病	重残	C 级危房	绝对无房户和 D 级危房	高中生	大学生	孤儿或先天性残疾儿童
系数	5000	5000	3000	5000	3000	5000	2000

资料来源：六户村村委，2017 年 11 月。

1. 医疗支出

大病和重残的核减系数均为 5000，孤儿或先天残疾儿童的核减系数为 2000。

2. 住房支出

C 级危房的核减系数为 3000，D 级危房和绝对无房的核减系数为 5000。

3. 教育支出

高中生的核减系数为 3000，大学生的核减系数为 5000。

通过"大数据系统"计算的家庭人均收入，以 3200 元画线，包括或低于 3200 元的家庭，列入贫困户候选名单。"大数据系统"所列出的贫困户名单，经与入户问卷打分排序汇总的、经过户代表会的选举投票等程序所产生的贫困户名单进行对比后，人员的复合率达 80%~90%。这说明"大数据系统"的有效性和合理性为精准识别工作提供了一个行之有效的辅助工具。同时，为动态调整领导小组面对村民"攀比"时，给村民一个合理的能接受的理由，从而缓解矛盾，提供了一个具有说服力的解释工具。综上，把"大数据系统"作为识别贫困户的一个辅助性工具，是值得借鉴的基层地方经验。

三 基于"三保障"对比研判

（一）比住房

从谁家的房子坏得最严重比起，比到住房条件一致为止。

（二）比医疗

比大病，以 2016~2017 年的诊断书和病历为依据，对癌症患者而言，以自费部分 1 万元画一条线，超出 1 万元列入贫困户名单；比患慢性病，分能自理和不能自理两类进行对比；对年老体弱者，比家庭生活条件，比子女的经济条件，若子女经济条件好，则不能进入贫困户。

（三）比教育

通过国家实行的义务教育政策，在义务教育阶段，每个家庭因为贫困而供不起学生上学的现象已经基本不存在。在教育上的对比，六户村提高了门槛，比每个家庭中是否有高中生和大学生，如果家庭经济条件差，供学生上学吃力，则进入贫困户候选名单。

在"三保障"的比对中，各家各户情况千差万别，研判的难度很大，比如在访谈主抓六户村扶贫工作的镇干部时，她如是说："三保障就是住房、医疗、上学，各家各户说法就多了，你看住房是保障安全了，但看病花销多少钱？虽然能供孩子上学，但他是借钱供的等等，所以，这些隐性的东西不好判别。比如，有的说我家欠很多外债，有的说你看他家房子不好，但他家还往外放高利贷呢，等等。"

再如对六户村干部的访谈中他讲——

> 你有危房，但让你推倒危房盖新房，你不盖，不能进贫困户；你有危房，但你很有钱，也不能进；你有大病，但你家房子特别好，内部装修得也豪华，说明你能看得起病，也不能进。
>
> 有的人有钱乱花、喝酒打骂老人，对社会影响不好，老百姓不选他；有的户老人有病，虽然生活很困难，但能把老人伺候得干净利索，社会认可度高，老百姓给推进来的也有；有的人来找村委要进贫困户，说慢性病买药吃，也花了不少钱，但报不了啊，你不去正规的医院去看病，非去找偏方跳大神，那只能自己认了。
>
> 对原有的贫困户，研判小组是一个一个研究，决定

哪个行哪个不行。在外面的（原来不是贫困户，现在为贫困户候选人的）哪个行哪个不行，反反复复来回比。对没选进来的特别困难的，是进来一个比一个。通过两次研判才确定下来。

在"三保障"的比对中，面对的都是百姓日常生活中的实际问题和困难，而各家各户情况又是多种多样，很难划定一个标准，如何在千差万别之间掌握一个尺度，达到识别的精准，是个难题，这也是对研判干部智慧和公心的挑战。六户村的扶贫工作领导小组，本着公心、夜以继日、细致入微、一步步贴近现实，对目标贫困户反复进行比对，尽最大可能使每一个评出的贫困户让群众满意、真实有效、经得起时间检验、经得起历史检验。六户村贫困户识别的经验为扶贫工作提供了一个有效的值得借鉴的工作模式。

第二节　扶贫工作中存在的问题及解决对策

一　六户村扶贫工作中存在的问题

（一）产业扶贫问题

从六户村本村的情况来看，产业扶贫后续发展的可持续问题，有待进一步研究发掘。

贫困户饲养过腹增值的大牲畜是六户村主要实行的产业扶贫措施，其他扶贫措施有冷棚种植蔬菜等。产业扶贫后续的发展是否具有可持续性，还需进一步研究和发掘销路问题。以养驴的产业为例，据村干部讲，关于养驴的销路问题，曾经和山东阿胶集团联系过，但没有成功。目前，牲畜的销路问题还没有确定的方案。冷棚种植，目前的销路仅限在本村，因销售渠道狭窄，还没有形成规模化生产，产、供、销的链条还未形成，产生的效益微薄。

通过对贫困户的访谈和召开村民座谈会，一些贫困户反映，还没有得到产业扶贫政策的帮扶。

（二）六户镇卫生院问题

六户村是六户镇政府所在地，因此镇卫生院就成为六户村村民看病治病的最为方便的依托。六户村贫困户致贫的主要原因是生病，占贫困户总数的 53.3%，主要是长期慢性病，需长期服药治疗，镇卫生院应该为百姓诊治买药治疗提供便利的条件。但目前六户镇医院的情况是管理不到位，无坐诊医生，环境脏乱差，百姓都舍近求远到县医院或盟里的医院去就医买药，镇卫生院形同虚设，在健康扶贫中起不到应有的作用。

（三）职业技术教育问题

随着地方产业的逐步发展壮大，对技术技能型人才将产生大量需求，目前六户村职业技术教育还处于空白状态。

二 检查督查考评扶贫工作中存在的问题

扶贫工作是从中央到地方五级自上而下的工作，采用中央统筹、省负总责、市县抓落实的工作机制，在村级调研中发现来自上级的督查考评扶贫工作中存在的问题或偏差，调查组将这些问题呈现出来，作为今后扶贫工作改进和完善的方向，促进扶贫工作稳步开展，打赢脱贫攻坚战。

（一）各级检查多、基层制表填表多

广大扶贫干部肩上责任重大，打赢脱贫攻坚战，干部是中坚力量、决定因素。脱贫攻坚千头万绪、任务繁重，各项政策、资金、任务都需要干部去落实、推动。然而，扶贫一线干部们最为头痛的事是不能集中精力搞扶贫，却在填表报数、迎接上到国家级下到省级、市级、县级、乡级等的检查、督查、巡查中耗费了大量精力。在此次调查中，基层干部对此事有所反映。

基层扶贫干部讲——

我们这个扶贫工作特别不好干，村里贫困户填许多表，实际上填这些表对推进工作都没有什么必要的意义，多填几张表他家就富了吗？少填几张表，扶贫措施就没上吗？但上面来了看啥，那只能看表，通过表反映工作开展情况。还有第三方来，第三方评估的时候，他不让你干部跟着，老百姓说啥的都有，就得事先把表让老百姓把字签了，上边来了一看，表也有了、字也签了，也

就认为合格了。但恰恰就是这个环节，耽误了大家很多的精力，有形式主义的嫌疑。这个事曾经反映过，但也没有反馈的办法。比如，暗访的来了就要查你，这个贫困户定得合不合理？就要查你的程序、村民代表会怎么开的，程序合不合理，多少人签字？但就是做这些东西做记录的时候也挺费工夫。这样往往有些形式上的东西占比太大，但是基层没有办法，不知道哪一级领导来查你、不知道懂不懂的人来查你，他们查建档立卡贫困户、精准识别包括施策。中央、省（自治区）、盟市都有督查组和巡查组，国家级的有第三方评估，自治区、盟市级的也有第三方评估。除此之外，省级之间、盟市之间、旗县之间、乡镇之间都有交叉互检。国家、自治区、盟市有暗访，纪委和新闻部门有暗访。除各级部门的巡查、督查、交叉互检、第三方评估、暗访之外，政协人大也有扶贫调研。应付这些检查就得把这些表格做好，检查的时候拿出来给他们看，要不然他不听你解释。而且，领导来检查工作你得陪着，恰恰就是做这些表格和表册包括陪同检查，浪费了大量的时间、人力、物力，以致我们开会只能放在晚上或周六日，因为白天都分头去办迎评迎检的事了。

（二）检查扶贫工作的人员缺乏专业性

巡查督查考评人员很多不熟悉扶贫工作，一些检查人员本着上级文件中的条条框框，机械地检查基层的扶贫工作，盲目挑错，提出一些不切实际的意见、批评和整改，给基层工作带来很多困扰。扶贫工作是一项繁复的工程，要求督查考评人员具有较高的政策理论水平、丰富的农村工作经验和人生阅历、较强的综合判断能力等，而现在参与督查考评的人员，很多不熟悉扶贫工作，对精准识别更是知之甚少。从督查考评的人员组织来讲就很不专业，造成有的督查考评人员简单机械套用政策规定、全凭个人理解、不能从基层实际进行综合研判。基层扶贫工作者如是讲——

督查巡查人员一般没有经过培训就来了，国家出台那么多政策，你们下来之前，为什么不集中办个班培训培训呢，消化一下政策，然后，到本地开个座谈会，了解一下地方上的思路想法，融入这里面去。比如到内蒙古来查，让内蒙古的扶贫干部给上一课，讲讲内蒙古的做法是啥，把上面政策和当地政策有个融汇的过程，融汇完之后你再挑毛病，这就让人心服口服了。现在下来的人哪有先学习政策的，再说他原来有扶贫的经历吗？他们不知道从哪个部门抽来的，扶贫都没研究过，扶贫的脉络、扶贫的基础、扶贫政策的连贯性他都不掌握，就拿出几个干巴巴的数据，几个条条框框机械地查，那能行吗？我还是那句话，你数据再好、模式再好，操作过程中也需要人来匡正。

检查人员从国家信息大数据里拿个表来跟你对，不是用头脑来分析客观情况，机械地对，就说你做得差。所以，下面很憋气。比如，国家大数据里掌握着你有多少贫困户，然后他们就拿这个数据来查，查出一家缺了一口人，我们解释说他家死了一口人，他就会说，死了怎么还没销呢，然后就开始怪罪你。比如，上年施策了，是按照评的时候人口数施的策，等施策到位的时候人死了，他就会问，那死了怎么还施策呢？这样下来你的检查够精准了，但却没有根据实际发生的情况来做判定。

扶贫工作是一整套的业务，上面来检查的干部不可能全面细致地了解基层，他掌握一点政策的只言片语就来检查了，之后就得出结论说你工作做得不彻底。比如，有的贫困户本来就上了年纪没有劳动能力了，但收入够了，医疗都有保障了，也没有其他开销了，他是建档立卡贫困户，我们通过政策兜底给他兜进来，就不再施策了。检查人员认为这是简单化处理了，还起个词叫"一兜了之"。他们的意见是必须给老人施策，给他家买驴进行产业扶贫。但老人不同意，说"我80多岁了，养驴养不动了"。这些挑错，难免是脱离了基层的实际。

现在有一个弊端，只要是巡视组来检查提出的意见就是真理，就得照单全收。为了整改"一兜了之"，大家想对策整改，出台了一个"政策叠加"，给贫困户很多扶助政策，不是贫困户的什么也没有。一看又不行了，产生政策的"悬崖效应"了，百姓有反响，毕竟还是非贫困户多，现在又往回揪，这一去一来就把我们基层折腾苦了。

正常情况是上面检查必须得有，但得科学合理。我们每做一件事情都有实施方案，实施方案都是在研究的过程中开几次会，根据上行下行反复研究来定，甚至经过一两个月研究出方案，实施方案是可行的。但来检查的不根据基层的实际情况，只按上面的条条框框，条条框框是怎么说的你就得怎么来。因为他权威、他强势，上面提出来了整改意见，下面照单就得改。有的检查人员是临时抽调的，理解得很片面，像盲人摸象一样，有点感受写点材料，但这个材料一发下来就形成权威了，上面一成文，下面就得整改。往往都是不切基层实际的整改，整改起来太难了。

比如今年审计的来过，他拿国家大数据里的数据和我们这儿的数据对比。他问：这个户你们都给施策两年了，怎么还没脱贫？我说：这个你说得不对，人均奖补施的策你们能看到，医疗保险施策你能看到，其余我们施的策你没看见，因为你数据里没有。我们把这家的房子改了你能看见吗？我们给他修庭院、盖蔬菜大棚了，你这里也没有，发展牧业我们给他建棚舍了，你这里面有吗？施策两年未脱贫，但我们的政策是持续用力，扶上马送一程才能达到稳定。地方的事是面面俱到的，拿个人的想法挑毛病，依大数据挑错，那行吗？中央又讲要建立容错纠错的机制，错就是错了，为了发展做错了，那么允许你犯错误，把错改正过来就可以了。但是审计的来了，一点儿也不容你错，使劲地纠，把缺点和不足的地方放大。

我们搞易地搬迁，国家给内蒙古下指标，内蒙古也给我们地方下指标，我们得完成吧。但内蒙古的情况和云贵川那地方不一样，深山老林的必须整村搬迁，但我们突泉县是几乎没有住不下去的情况。那么我们为了完成搬迁任务，我们采取的办法是插花凑数、集中安置的办法，完全尊重群众意见，你想出来你就出来，搬迁要尊重百姓的意愿，搬家的心得有杀驴的心，不到非搬不可的程度他不搬。比如贫困户在那本来就没什么土地，已经就不适宜生存了，第二次分地没赶上，娶了媳妇也没地，生了小孩也没地，一家四口人就一个人有土地，不适合生存了，他是不是得搬，咱就利用这个机会把他搬到县城里来，他可以就业经商务工、孩子可以上学，挺好！于是审计的就开始挑毛病了，搬迁，中央的政策是整村迁、整村搬，你这么办是错误的。我说内蒙古实施"十个全覆盖"你知道不知道？"十个全覆盖"之后，农村基础设施、基础条件发生了很大变化，很多人家都盖了新房了，他不可能全部搬出去了。另外，我们的贫困发生率最多是15%左右，贫困户占15%，搬迁的户指标是配比来的，即搬迁两户贫困户、搬一户非贫困户，贫困户每口人的奖补资金是6万元，非贫困户每口人的奖补资金是1万元。假如15%的贫困户都迁出来的话，那非贫困户不还在村里吗，那也不能整村迁呢？他说：我不管那个，我的审计报告中就得写"非整村搬迁"。他根据的是上面的文件，而不是根据地方上的实际，而且每个年度出台的文件不一样，比如我们是按这个年度文件执行的，他是按那个年度文件执行的。

上面说资金延压，扶贫款沉淀不往下拨。实际上基层是政策拿不准他不敢拨。资金下来之后，地方上得制定方案，执行起来千差万别。比如，易地搬迁资金下来了，你往下拨的时候是不是有这个项目，是不是得走设计招投标程序，如果招投标程序需要 5 个工作日，但土地手续迟迟批不下来，行政手续审批可能 50 个工作日也下不来，50 天下不来，土地手续拿不下来，招投标的就走了，招投标的确定不下来就不能开工，不能开工我们的钱就不能下拨。不能拨款就是错误，就是"资金延压"。如果土地手续没批下来，你硬让我建，建成之后，有的部门来检查会被认定是违规建筑。往左也是死、往右也是死，反正早晚也是死，基层真是太难干了。

（三）各级督查考评的评判标准不一

由于各级督查考评的评判标准不一，造成同一情形各级的评判结果不同，有时甚至互相矛盾，基层无所适从，我们在基层扶贫干部处了解到——

国务院扶贫办讲要省负总责，那就让省出台一套方案，或者国家出台一套方案，各级各类检查都拿这套方案去检查，我们也就知道这活怎么干了。现在是政策多门，你拿一把尺子、他拿一把尺子，这里第三方来过，国家、自治区督查的来过，自治区交叉互检的也来过，各级各类的检查各拿一把尺子，给下面整懵了，不知道咋干。各级同类检查，每次都有偏差，每次和每次检查的偏差还很大。查的侧重点不一样，他认为这方面重要，我们认为不重要，我们认为重要的他们却认为不重要，没办法衔接。

为了应对督查、巡查、第三方评估、暗访和交叉互检，我们现在做一些表格，通过这些表格量化，要啥给你啥，成体系地给你看。但是这些东西都是形式上的。不弄的话，第三方来了，你拿什么给他看呢，都是背对背，又不让解释，你啥也没有，老百姓又记不住，没有佐证的东西，那你不是丢分吗？你丢分他又说你识别不精准，说你没有施策。

中央的检查肯定是对的，督促地方别出现差错、别雁过拔毛，但是批评是善意的我们接受，批评是恶意的我们很难受。基层的扶贫工作需要的是上级多指导、多帮助，指导基层的政策解读，帮助基层处理疑难问题，强化责任改进工作，而不是横挑鼻子竖挑眼。

（四）扶贫干部队伍不稳定，流失现象常有发生

高密度的督查考评和更严格的追责问责机制给基层扶贫干部带来很大的压力，这是扶贫干部队伍不稳定的主要原因。工资待遇低、"5+2""白＋黑""无节假日"的工作节奏，让基层扶贫干部不堪重负。扶贫干部流失现象时有发生。六户村一年多的时间已换了三个第一书记。

扶贫干部讲——

扶贫战线上的干部都是特别累特别苦，现在都在纷纷逃脱。领导讲话说，对扶贫干部要高看一眼，厚爱三分。但到地方真正使用干部时，却不是这样做的，干活时有你，提拔时就没有你了。我现在的团队都是志同道合的，大伙都觉得在做一件艰难的有意义的事情，但不是这

种团队的精神，没有诗与远方谁去干去。我做了一个调研，在乡镇扶贫办的都想办法调走了，有的当组织委员、有的当纪检委员，压力不大还有提拔机会，谁愿意在扶贫上干这样一个苦差事呢。信访有津贴、纪检有津贴、政法有津贴，我们加班加点地这么干，其他什么也没有，靠的就是信念。乡镇是这样，旗县是这样，盟一级的也是这样，哪有说扶贫干部提了，都在默默无闻地干。

一位镇扶贫干部讲——

下面扶贫有时为什么会弄偏，主要是为迎合上级导致的。惩罚干部可以，但机制得健全。趁着我们还有积极性的时候，上级要收收手，给我们环节的干部缓解缓解压力、鼓励鼓励，不要总搞什么评比、各类化标准什么的，要么就问责、要么就倒数第一，1/4扶贫工作不让解释，太衙门了吧！不从自己找原因，一个劲儿给我们施加压力，我们的有生力量被你们无形的枷锁给否定了。

三　解决对策

（一）产业扶贫对策

产业扶贫是扶贫攻坚的关键一步，以产业发展为杠杆，促进贫困地区发展、增加贫困农户收入，是一种内生发展机制。

六户村应在既定的牲畜过腹增值产业扶贫措施的前提下，尽快把政策落实到贫困户名下，使贫困户能迅速参与进来行动起来，早日见到效益，增强贫困户对产业扶贫的信心。同时，为了保障扶贫项目的可持续发展，还要做深入的工作与销售市场对接，保证产供销一条龙，增强贫困户养殖种植信心，给贫困户脱贫吃颗定心丸。

挖掘地方资源优势，创办龙头企业。龙头企业具有市场开拓能力，能比较准确地把握市场需求信息以及资源的运行结构，在农产品扩大生产以及深加工中具有关键作用。六户村应在开办龙头企业，充分挖掘地方资源优势，实现农副产品、肉类产品、奶类产品以及原来就知名的乡村产品如干豆腐等的深加工上做文章，为贫困户创造就业机会持久脱贫提供保障。

六户镇对六户村的产业扶贫提出建立龙头企业带动农牧业发展的设想，种植比较适合六户村气温和土壤的具有高附加值的植物或中药，如桔梗、黄芪等。事实上，六户村村民是有这个需求的，在一次村民座谈会上，一些村民提出，如果开办一个大工厂，贫困户集中上岗工作发工资，谁都不"争"贫困户了。镇干部讲，农民离好生活差得还很远，农民生活很不容易，如果百姓有钱赚，就不"争"贫困户了。

（二）健康扶贫对策

没有全民健康，就没有全民小康。习近平总书记强调，"健康扶贫属于精准扶贫的一个方面，因病返贫致贫现在是扶贫硬骨头的主攻方向"。

1. 改善镇医院环境，提高医院管理水平和医生技术水平

对镇卫生院实施改造，按县级医院的环境标准进行改造。引进有效的管理层进行管理。通过开展三级医院对口帮扶镇卫生院工作，通过下派医生和医疗团队等方式或采取由县级医疗机构托管的方式，实施乡村一体化管理服务，提升镇卫生院的业务能力和服务水平。

2. 提高健康意识，防患于未然

提高健康意识，可以通过村宣传栏、扶贫心连心微信群等宣传健康知识，提升村民健康理念，使百姓科学地认识相关疾病，提高自我健康管理能力，达到预防疾病的效果。

3. 美化居住环境

垃圾统一处理，建立公共厕所，达到小城镇建设的目标，让百姓生活在美观、整洁、干净、健康的环境中，减少疾病的发生。

（三）教育扶贫对策

百年大计，教育为本。从长远看，教育是消除贫困的根本。习近平总书记曾强调，"越穷的地方越需要办教育，越不办教育就越穷""治贫先治愚，要把下一代的教育工作做好，特别是要注重山区贫困地区下一代的成长。把贫困地区孩子培养出来，这才是根本的扶贫之策""教育是阻断贫困代际传递的治本之策。贫困地区教育事业是管长远的，必须下大力气抓好。扶贫既要富口袋，也要富脑袋"。

1.发展职业技术教育

职业技术教育是地方产业发展的助推器。六户村应从长计议，提前布局，适应未来发展的需要，为贫困户家庭中的劳动力提供技术培训机会，提高贫困户家庭劳动力的职业技能，实现职业技术教育脱贫。开设专题培训班，为贫困户提供专业养殖、种植、特色农产品深加工等相关技术。

2.发展农村教育事业

乡村教师队伍建设是贫困地区教育发展的关键。应着力提高乡村教师待遇水平，在职称评定、业务培训、专业发展等方面对贫困地区教师予以倾斜，引导优秀教师向农村学校流动。发展农村教育事业，阻断贫困的代际传递。

（四）强化基层扶贫队伍能力

习近平总书记在河北考察扶贫工作时指出：我们不缺豪言壮语，也不缺运动式的东西，关键是看有没有找到路子，有没有锲而不舍干下去。要一心一意为老百姓做事，心里装着困难群众，多做雪中送炭的工作，常去贫困地区走一走，常到贫困户家里坐一坐，常和困难群众聊一聊，多了解困难群众的期盼，多解决困难群众的问题，满怀热情地为困难群众办事。各级干部要把工作重心下移，深入实际、深入基层、深入群众，认真研究扶贫开发面临的实际问题，创造性地开展工作。

"村民富不富，关键看支部。"把真心为村民做事、受绝大多数村民认可的、办事公道的人选进村"两委"班子，起到"领头羊"的引领作用。

把政治思想好、引领能力强、关心百姓疾苦的人，充实进扶贫工作队伍，担任贫困村"第一书记"，协助村"两委"做好扶贫项目的协调推进工作，帮助乡村实现早日脱贫。

（五）克服形式主义　减轻基层负担

2017年7月，国务院扶贫办下发的《关于进一步克服形式主义减轻基层负担的通知》指出：扶贫领域形式主义问题依然突出，一些地方还有新的表现。近段时间以来，各方面普遍反映，频繁填表报数、迎评迎检、陪会参会等耗费了基层干部大量精力，干扰了脱贫攻坚工作，影响了党和政府的形象，必须坚决制止。第一，减少填表报数。各地扶贫部门要充分利用建档立卡信息系统，严禁层层增加指标和填报频次，切实减轻基层填表报数负担。第二，减少检查考评。减少对纸制档案材料的检查，严禁为迎接视察检查制作高档大型展板、作战图、画册等。各地要按照省负总责的要求，以省为单位统筹谋划辖区内脱贫攻坚督查检查、考核评估工作，严禁层层组织，严禁多头重复。第三，规范调查研究。调研督查一律轻车简从，不得层层陪同，严禁变相旅游、收受礼品。各地扶贫部门要增强调研的针对性和实效性，切忌"走过场"等。各级扶贫工作的检查、督查、考评部门应本着中央精神开展工作，把基层扶贫干部的精力切实用在真扶贫的工作之上。

（六）稳定扶贫干部队伍

刘永富强调，要加强对驻村干部的关心支持，激发干事创业热情，确保驻村工作实效。做好宣传培训，总结宣传扶贫领域先进人物和典型案例，推动各地"受启发、找差距、明方向"，轮训基层扶贫干部，提高精准扶贫工作能力。

基层扶贫一线的干部们认为——

把扶贫干部高看一眼、厚爱三分落实到具体的硬性的提拔干部的实际当中去，调动扶贫干部工作的积极性，保障扶贫工作的效果是当下应该解决的事情。同时，在生活上予以扶持，比如残联工作5年以上的，退休工资上浮10%，扶贫岗位的应该定这些硬杠杆，给这些干活的吃点定心丸。加强基层的组织建设，定编制、给待遇，高薪养廉，提高对村镇书记、村主任、秘书、妇联等"领头羊"的扶持力度。

（七）建立一支专业的督查考评队伍

扶贫工作是一项政策性和业务性都很强的工作，非扶贫领域的工作人员很难在短时间内掌握连续性的扶贫政策以及业务上的流程和规范，因此，抽调扶贫领域专员，建立一支具有较高政策理论水平、丰富农村工作经验和人生阅历、较强综合判断能力的督查考评人员队伍，确保督查考评工作落到实处。

四 有待研究细化的问题

（一）政策"悬崖效应"引发新矛盾的问题

扶贫工作中出现的政策"悬崖效应"是指贫困户在住房保障、产业扶贫、教育扶贫、健康扶贫、生活救济等方面享受到多项扶贫措施的扶持，而非贫困户不能享受这些措施的扶持，以致贫困户与非贫困户在经济利益上形成了很大的差距。事实上，有些非贫困户的生活水平并不高于贫困户，在贫困户持续得到政府的扶持和补贴后，与生活水平相当的非贫困户形成的落差百姓有目共睹，用百姓的话说就是，房子也给盖、还给产业、住院还给报销、小孩上学还有补助等，在百姓的生活中产生了一定的影响，形成了一些新的社会矛盾。

基层扶贫干部反映——

> 兴安盟"三张网"的政策对贫困户太优惠了，非贫困户是有反映的，但是政策一步到不了位，它得一点点改，高了再往回改。若两户经济水平相当，一个是贫困户，一个不是贫困户，施策后，两户形成了经济上的落差，形成新的矛盾，贫困户在盖房、上学补助、生病报销、产业上领取大牲畜等各个扶贫措施上都有，非贫困户啥也没有，百姓觉得不平衡。

国家扶贫政策是对贫困户要分类施策，因户施策，补齐短板，缺啥补啥，针对他们致贫的原因进行施策，有的是因为没有劳力、健康原因、缺生产发展资金、缺少土地、孩子教育等，针对不同的致贫原因施策，扶贫就是补短板，下绣花功夫。突泉县扶贫办讨论将依照这个指示精神进行分类施策，每户一到两项扶贫措施，这样可以避免政策的"悬崖效应"带来的家庭间经济水平的差距，缓解社会矛盾。比如，有危房的纳入贫困户，只解决危房的问题。但不知这样做对不对，已向盟扶贫办和自治区扶贫办打过报告，但还没有得到反馈。

（二）脱贫后如何施策问题

建档立卡贫困户脱贫后，有脱贫不脱政策的说法，没有正式文件，突泉县扶贫办按照这个说法，对脱贫户将施行三年扶贫措施。还有文件讲对贫困户要扶上马送一程，大方向有了，但涉及具体情况就不好操作。送一程该如何把握？用基层干部的话讲，送10里、20里还是200里？贫困户脱贫后再如何实施扶贫措施，尚待具体的措施出台，使基层工作有规可循。

（三）退伍兵的扶贫问题

扶贫干部反映——

退伍兵的问题尚未解决。退伍兵上过老山前线，如果他没有评上贫困户，他享受的待遇都没有贫困户高。虽然这个群体人不多，但当过兵打过仗的心里不平衡，退伍兵住过山洞打过仗，为国家安全做出过贡献，现在还没有懒汉生活过得好。

（四）扶懒汉的问题

基层扶贫干部讲——

习总书记讲过，扶贫路上不落一人。但是懒汉是达到贫困户的条件，但他的贫穷不是天灾人祸造成的，而是因为懒惰，这应不应该扶，不扶的话贫困路上就落人了。这个问题咋办，是不是还要有制度上来解决这个事，对怎么不养懒汉是否出台一些政策。

（五）不养老人问题

2014年建档立卡时规定要"整户识别"，一般的操作就是以户籍为准。在基层出现了"拆户""分户"的现象，特别是有法定赡养人并且有赡养能力的子女将父母单列或分户作为贫困户的现象，所谓不肖子孙制造出来的贫困户，实质是把赡养老人的义务推向了社会、推给了政府，这有违中华民族尊老爱幼、赡养老人的传统美德，引起群众的强烈不满。

镇扶贫干部如是说——

孝敬父母的不是贫困户，不孝敬父母的却成了贫困户，这制造出来的贫困户，政府得提供支持。老人有8

个儿子，儿子就是不养老人，即使有钱也不去盖房子，政府得给老人盖房、给产业、看病给报销。可是孝敬父母的，盖了瓦房，养多病的父母，每年治病的费用也很多，若和儿子在一起的老人，一家六口，老两口还有两个孩子上学，在一起住的一算账肯定评不上贫困户。中华民族的传统美德不能丢！

县扶贫干部如是说——

有些农户把父母都推给政府了，你不给老人识别为贫困户，我就不养他。让他自己过，你就得把他识别为贫困户。抓扶贫把社会风气抓坏了，这不是扶贫的本意。这样的问题该如何解决？假如75岁以上的老人你不养了，那是否有些制裁措施？比如咱这有贷款贴息，你连老人都不养了，那利息都不给你贴，或者在诚信上打分，如果养老人分数高，将来给一些经济利益，这是该探讨的。

（六）群众满意度低的问题

群众对扶贫工作的满意度一直不高，原因在哪里？基层扶贫干部是这样表述的——

提高群众满意度现在很难，难在哪呢，不仅是对扶贫工作的满意度低，而是他对政府的怨恨，对政府的怨恨没有表达的机会，等要他表达满意度了，他就把对政府的不满和怨恨迁移到扶贫工作中来，这叫怨恨迁移。

百姓对耳闻目睹的社会腐败现象恨之入骨，直接影响着对扶贫工作的满意度。对一些不接地气的不贴近农村现实的指令、填表、报表、"三本账"等，什么"固定收入""专项收入"，老百姓哪有心事和你对那些玩意儿，我们搞扶贫的都弄得晕头转向的，你让老百姓给整一致了，那太难！三番五次的折腾，也影响着群众对扶贫工作的满意度。

（七）干部和群众的思想问题

基层扶贫干部讲——

现在真正到老百姓家里坐下来和老百姓促膝谈心的干部不多。基层组织建设不是很理想，村干部对政策理解不透。历史上形成的人际关系掺杂在扶贫工作中，村干部生活在这个村几十年了，老亲少友利益上的瓜葛，这些东西都在困扰着他，他能把一碗水端平也很难，有的拉不开情面。现在百姓就是拿来主义，你共产党就该给我，不感恩。一些干部和群众不同程度存在"等靠要"思想，脱贫致富的内生动力不足，摆脱贫困的主观能动性需进一步调动。

精准扶贫需要大智慧，扶贫工作中出现的各种问题，有历史形成的、人们思想观念上的、制度上的、干部作风上的等，这些东西都要改。扶贫不仅是扶贫部门的工作，也是社会各个部门的工作。像养老教育、公民教育、社会公德教育普遍缺失，咱们共产党这些年抓经济建设的这手硬了，抓思想教育的手软了。

2016年3月时任国务院副总理汪洋在"省部级干部打赢脱贫攻坚战专题研讨班"上讲话指出，要带着问题去看，结合实际去想，看看本地区、本部门出台的政策，落实中到底有哪些"中梗阻"、哪些制度设计还不是很合理影响了效果，做到直面真问题、啃下硬骨头、打通"中梗阻"。要花时间去消化调研情况，认真研究什么问题是关键问题，用什么方法能够更有效解决问题，使手中的扶贫资源配置得更有效。

正如汪洋同志所言，针对上述需要细化解决的问题，要花时间消化调研情况，认真研究问题产生的原因和症结所在，抓住关键问题，找到行之有效的解决办法。

第六章

结　语

2018 年 1 月，在突泉县第十七届人民代表大会第一次会议上，县长耿天良在《政府工作报告》中总结了突泉县脱贫攻坚工作取得的成绩并部署了今后的任务。

第一，强保障，惠民生，群众幸福指数与日俱增，脱贫攻坚成效明显。聚焦精准要义，汇集全县力量，下派驻村工作队员 1044 人、帮扶干部 3500 人，县局乡村联动、全员参与的工作格局初步形成。投入资金 4.9 亿元，实现脱贫 6273 人。集中开展扶贫对象动态管理工作，实现贫困人口应识尽识、应扶尽扶。落实"两挂车、三张网"政策，探索"2511"①产业扶贫模式，扶持养殖大畜 6743 头、芦花鸡 30 万只，带动贫困户 9200 户，实现户均增收 3500 元，成功承办全区产业扶贫现场会。改造贫困户危房 3109 栋，易地扶贫搬迁 541 户。落实教育扶贫、健康扶贫、生活救助政策，投入资金 2640 万元，惠及贫困群众 26237 人次。创新实施"三大精准脱贫工程"，办理养殖贴息贷款 6803 万元，受益农户 2309 户，组建村屯微信群 382 个，入群人数 7.3 万人，群众政策知晓率、帮扶认可度和致富主动性持续提升。

第二，推进精准扶贫，努力在脱贫致富上实现新突破。脱贫攻坚是最大的民生工程。我们要以增加贫困群众收入、改善生活条件为重点，凝聚合力，激发动力，力争脱贫 9000 人以上。靠实帮扶责任：发挥脱贫攻坚指挥部统筹作用，动员全社会力量，构建专项扶贫、行业扶贫、社会扶贫"三位一体"大扶贫格局。开展"脱贫攻坚作风建设年"活动，严肃查处侵害群众利益的不正之风和腐败问题。强化督查、巡察、考核，压紧压实帮扶责任。加强村"两委"班子建设，培养素质高、能力强、热心公共事务的农村带头人，增强扶贫一线核心力量。做实扶贫产业：加大资金投入力度，通过向上争取、

---

① "2511"产业扶贫模式：两类产业、五种要素、十一种利益联结模式。"2"是指菜单式自主经营类和龙头带动联合经营类两类产业。"5"是指龙头带动联合经营类产业，通过资金、土地、劳务、资产、电商五类要素嵌入龙头企业，由龙头企业带动贫困户发展产业。"11"是指十一种利益联结模式，即兜底菜单模式、养殖菜单模式、种植菜单模式、自荐菜单模式、入股分红模式、承贷分红模式、"土地嵌入"模式、"扶贫车间"模式、"借羊生羔"模式、资产带动模式、电商平台带动模式。

县级自筹、整合涉农资金等方式，筹集产业扶持资金5.5亿元以上。采取资金奖补、贷款贴息等措施，扶持贫困群众发展产业，宜种则种、宜养则养、宜加则加，精准施策、到户到人。推进"扶贫扶产业"牧业再造突泉工程，支持农户发展大畜养殖，同步开展防疫、繁育、销售等配套服务。重点支持龙头企业、合作社、家庭农牧场、能人大户做大做强，通过资产收益、就业带动、入股分红等方式，与贫困户建立利益联结机制，保障群众持续增收。落实保障政策：深入实施危房清零行动，维修改造贫困户危房4300栋，易地搬迁安置1600户，确保贫困群众住有所居。深入实施"5321"健康扶贫政策[①]，确保贫困群众病有所医。深入实施贫困家庭学生教育资助政策，确保贫困家庭子女学有所教。强化兜底保障，将低保、五保、临时救助、生活救助等政策与扶贫政策紧密衔接，构筑贫困群众最低生活保障网，确保小康路上不落一人。激发内生动力：全力推进"志智双扶"。实施"扶贫扶心"党群心连心工程，力争群众入群率、"三务"公开率、问题答复率达到95%。实施"扶贫扶志"农民素质提升工程，培育社会主义核心价值观。开展"自强、诚信、感恩"活动，通过思想教育、舆论引导、活动熏陶、典型带动等方式，培育求富求美、向

---

① "5321"健康扶贫政策："5"指落实贫困户基本医疗保险、大病商业保险、商业补充保险、民政医疗救助、政府兜底保障"五道保险"住院报销模式。"3"指实施大病集中救治一批、慢病签约服务管理一批、重病兜底保障一批的"三个一批"行动计划。"2"指贫困群众免费健康体检、免费参保"两减免"待遇。"1"指"一站式"结算、先诊后付费服务。

上向善、脱贫光荣的淳朴民风，加快补齐群众"精神短板"，让群众想干、敢干、能干、会干。

突泉县在脱贫攻坚上取得了一定的成效，但脱贫攻坚任务艰巨、责任重大，实现到 2020 年农村贫困人口摆脱贫困的既定目标，时间紧、任务重。今后还有一段艰难的攻坚拔寨的路要走，要在以往实践经验的基础上，下大气力实现既定目标。

六户村的扶贫脱贫实践是我国脱贫攻坚战的一个组成部分，六户村的实践经验和存在的问题展示了这一实践的丰富过程和内容。课题组把基层的实践和经验总结出来，把群众的想法和愿望集中呈现出来，把各方的好思想好建议归纳出来，从基层实践中反观政策制定和执行中存在的问题，通过消化吸收、研究总结，制定更具针对性、指导性和可操作性的政策和措施，打赢脱贫攻坚战，全面建成小康社会，实现第一个百年奋斗目标。

附　录

附录一 《2016 年贫困户精准识别入户评分表》

苏木乡镇＿＿＿嘎查村＿＿＿自然村第＿＿＿农民小组

户主姓名：＿＿＿＿＿＿＿　家庭人口：＿＿＿＿＿＿＿

户别：□低保户　□五保户　□残疾人户

2016 年 1 月

一级指标	二级指标	实际情况或指标描述	计量单位	实际数量	适用标准编号	实际得分
得分合计						
居住条件	房屋结构		–			
	装修情况		–			
	房屋面积	房屋总建筑面积	平方米			
生活条件	入户道路		–			
	饮水安全		–			
	家电器具	有空调或供暖锅炉、暖气	台套		6a	
		有太阳能热水器或电热水器	台		6b	
		有高档沙发、组合家具	套		6c	
		有普通沙发、家具	套		6d	
		电冰箱、电冰柜、洗衣机、电脑、32 寸以上的电视机、较大音响设备	台		6e	
		微波炉、电磁炉、煤气灶、电饭煲、电饭锅、电压力锅、电饼铛、32 寸以下的电视机	台		6f	
		以上皆无	–		6g	
	交通工具	有三轮摩托车、电动前后三轮车、两轮摩托车、电动自行车	台		7a	
		以上皆无	–		7b	

一级指标	二级指标	实际情况或指标描述	计量单位	实际数量	适用标准编号	实际得分
生产条件	农机具	有 2 万 ~3 万元（不含 3 万元）的大型农用三轮车、四轮拖拉机	台		8a	
		1 万 ~2 万元（含 2 万元）的中型农用三轮车、四轮拖拉机	台		8b	
		1 万元（含 1 万元）以内小型农用三轮车、四轮拖拉机、手扶拖拉机	台		8c	
		翻地机、灭茬机、播种机、小型收割机、饲草粉碎机、揉草机、打捆机	台		8d	
		以上皆无	—		8e	
人口状况	健康状况	全家成员基本健康	—		9a	
		残障或患病（半年以上不能参加劳动的）人员	人		9b	
		重度残疾或患重大疾病（半年以上不能参加劳动的）人员	人		9c	
	在校生情况	幼儿或九年义务教育不在本地公办学校就读而自费到县城或其他城区就读的	—		10a	
		无在校生	—		10b	
		幼儿或九年义务教育在校学生	人		10c	
		高中（高职）在校学生	人		10d	
		大专以上在校学生	人		10e	
		孤儿或单亲家庭有在校生的	—		10f	
	劳动力	人数	人			
务工情况	务工人数	外出务工人数	人			
	务工时间	全家外出务工 1 年以上（含 1 年），3 年以内家中无人的	—		13a	
		子女外出务工或经商 1 年（含 1 年）以上，家中只有老人和小孩的	—		13b	
		1 年以内平均务工时间	月			
土地面积	耕地面积	家庭总亩数	亩		14a	
	保灌面积	家庭总亩数	亩		14b	
	林地面积	家庭总亩数	亩		14c	

一级指标	二级指标	实际情况或指标描述	计量单位	实际数量	适用标准编号	实际得分
生产发展	果树经济林	家庭总亩数	亩		15a	
	盛果期果树	家庭总亩数	亩		15b	
	养殖业	奶牛存栏	头		16a	
		肉牛存栏	头		16b	
		驴马骡存栏	匹		16c	
		生猪存栏	口		16d	
		肉羊存栏	只		16e	
		家兔存栏	只		16f	
		家禽存栏	只		16g	
	温室蔬菜	日光温室	延米		17a	
	棚室食用菌	食用菌棚	平方米		18a	
	农作物	家中60%以上的耕地撂荒1年（含）以上，或者土地全部承包给他人经营的	—		19a	
天灾人祸	财产损失	重大自然灾害导致房屋倒塌	—		20a	
		重大自然灾害导致产业重大损失	—		20b	
	人员伤亡	意外事故造成劳动力损失1/2以上	—		20c	
附属条件	子女家庭条件	单独立户，父母或子女家庭中存在达到贫困户限定条件标准之一的，或者父母、子女家庭评估得分达到70分的	—		21a	
	接受扶持	曾经直接受到扶持	万元		22a	

户主（签名）：_____ 联系电话：_____

［原则上由家庭主要成员（年满18周岁）签名，特殊情况可由村民小组长代签但要注明］

评估填表人（村第一书记或工作队员）：签名_____ 联系电话：_____

评估负责人（组长）：签名_____ 联系电话：_____

注：此表由苏木乡镇政府存档。

附录二 《突泉县贫困人口识别"回头看"工作实施细则（试行）》（突脱指办发〔2017〕19号）

突泉县脱贫攻坚指挥部办公室文件

突脱指办发〔2017〕19号

突泉县脱贫攻坚指挥部办公室

关于印发突泉县贫困人口识别"回头看"工作实施细则的通知

各乡镇：

现将《突泉县贫困人口识别"回头看"工作实施细则》印发给你们，请认真贯彻执行。

2017年7月3日

突泉县贫困人口识别"回头看"工作实施细则
（试行）

为打牢精准扶贫、精准脱贫工作基础，按照中央第二巡视组对内蒙古自治区脱贫攻坚"回头看"反馈意见中关于精准识别的整改要求、区盟《关于进一步打牢精准扶贫工作基础的方案》和兴安盟《关于落实中央巡视组反馈意见专项整改方案》要求，确保建档立卡贫困人口应纳尽纳、应退尽退、应扶尽扶、动态管理，结合我县工作实际，制定本细则。

一　工作目标

（一）无错评人口。对现有建档立卡贫困户进行甄别，对违规纳入、识别不精准、富人戴穷帽的建档立卡"贫困户"坚决剔除，重点是"八类人员"，做到应退尽退，确保无错评人口。

（二）无漏评人口。对建档立卡之外存在的贫困人口，认真组织摸查，开展"档外贫困人口"的再识别，确保做到贫困人口应识尽识，并补进建档立卡系统，确保无漏评人口。

（三）无错退人口。对2014~2016年脱贫人口再次核实，凡未实现"两不愁、三保障"的，标注为脱贫不实人口，作"回退"处理，做到应扶尽扶，确保无错退人口。

（四）无"非整户"识别现象。对个别村贫困人口按人识别问题进行整改，以家庭为单位按照常住人口进行"整户识别"，根据贫困程度，整户进入或整户退出，确保无"非整户"识别现象。

二　操作方法

（一）剔除错评人口。重点剔除以下各类别人员，每项均作为剔除的否决项。

1.家庭成员中有财政供养人员的。家庭成员中有每月财政开支超过100元的，该户不列为贫困户（财政供养人员，是指行政事业单位人员，包括差补单位如医院、水库、林场等单位职工，社保开支人员，储备人才、三支一扶、特岗教师、大学生村官等；国家社会保障体系中的人员不算作财政供养人员，如低保户、五保户、退伍军人、孤儿、残疾人补贴补助等）。

2.家庭成员名下在城镇有商品房的。在乡镇、县城购买商品房、门面房以及其他经营用房的（贫困户在乡镇政府所在地或县城现有居住使用的平房，不算作是商品房）。

3.个体工商户。贫困户家庭成员为个体工商户法人的（残疾人贫困户开办小型店铺，并以此为唯一生活来源的，村民代表评议后同意的，可列为贫困人口）。

4.经营公司、入股公司的。在工商部门注册登记公司、企业并实际开展经营活动的，包括没有建立公司，但实际雇用他人从事生产经营活动的（建档立卡贫困户以土地和各类生产资料以及产业扶持资金、小额贷款入股相关经营活动作为脱贫措施的，不列为剔除户，达到脱贫标准时，按正常脱贫程序退出）。

5.合作社法人（贫困户家庭成员是农村种养殖合作社成员的，可列为贫困人口）。

6.购买小轿车的（贫困户家庭成员名下有小轿车或3万元以上电动车，以及贫困户家庭实际使用小轿车的，不论是自己购买还是亲属赠予，都应剔除贫困户。贫困户识别后购买小轿车的，按正常脱贫程序退出）。

7.购买大型农机具的（贫困户独资或合资购买大型农机具，包括5万元以上运输车辆，不论是本人名下还是他人名下，都应剔除贫困户。贫困户识别后购买此类机动车，并作为脱贫措施的，按正常脱贫程序退出）。

8.有家庭成员任村"两委"干部的（贫困户建档立

卡后有家庭成员成为现任村"两委"干部的，不认定为错评，按正常脱贫程序退出）。

9. 优亲厚友、弄虚作假、徇私舞弊、信息失真以及其他不符合贫困对象识别条件的人员。

（二）识别"档外人口"。识别标准为2016年家庭年人均纯收入低于2952元（相当于2010年2300元不变价），综合考虑以下因素。

1. 实际居住C级、D级危房且自身无力改造。

2. 家庭因病致贫，且成员未参加城乡居民基本医疗保险。

3. 家庭适龄成员因贫辍学，或家庭因学致贫。

4. 在识别后，贫困户家庭出现重大变故，导致特别贫困的。

重点核查核实好以下几类人员。

1. 低保人口。符合低保条件并享受低保政策，但仍符合国家扶贫标准的，也应纳入建档立卡贫困对象管理。

2. 外出务工返乡人口。2016年6月1日前返乡，要求今后也常住本村。返乡时间不足一年的，村上登记，到一年以上的可以提出申请。无身份证人口，需要有户口簿或户籍情况证明材料。

3. 各类移民人口。截至2016年6月1日，在本村实际居住1年以上，并保证今后也常住本村的；婚入人口中的县外人口需要提供结婚登记证，县内婚入人口没有结婚证的以事实婚姻或实际情况为准（没有结婚证的，要求实际共同稳定生活3年以上）。

4. 隔代居住人口。未成年人在爷爷奶奶、姥姥姥爷及其他近亲属家生活的，有法定监护人并且有抚养能力的，不列为贫困人口，没有法定监护人或法定监护人没有抚养能力的，可列为贫困人口。

（三）核查脱贫人口。对2014~2016年认定的脱贫户进行核查核实，凡是尚未完全解决"两不愁、三保障"的，标注为脱贫返贫人口，进行"回退"处理，继续采取帮扶措施，实现稳定脱贫。

（四）整改"非整户"识别退出问题。

1. "非整户"识别的界定。"非整户"识别是指户籍人口、实际共同生活人口与建档立卡人口不相符的情形。

（1）在贫困户识别前"两代人"就已经分户，并且分开独立生活，但由于老年人因身体、疾病等状况，需要儿女照顾，又回到一起生活的，"老两口"是贫困人口、"小两口"不是贫困人口的，不算"非整户"，识别户。

（2）贫困户识别前没有分户，目前仍在一起生活的"老两口"和"小两口"家庭，"老两口"是贫困人口，"小两口"不是贫困人口的，按"非整户"识别对待，根据贫困程度进行整户识别或整户退出。

（3）不具备分户条件，为享受政策补贴进行拆户的，户籍人口、实际生活人口与建档立卡人口不一致的，根据贫困程度进行整户识别或整户剔除。

（4）家庭成员存在因死亡人员、服刑人员、失踪人员、婚嫁人员、常年外出超过1年以上人员等，没有销户或迁户，造成户籍人口、实际居住人口与建档立卡人口不一致的，不算"非整户"识别户。该人口信息在建档立卡信息系统内标注或删除。

2. "非整户"问题的整改方式。

"非整户"识别的已脱贫户整改方式如下。

（1）整户算账人均收入达到脱贫标准，并实现"两不愁、三保障"要求的，按正常脱贫对待，家庭其他成员自然纳入，享受"三张网"政策，不享受产业扶贫政策，当时识别人口继续享受产业扶持政策。

（2）整户算账人均收入达到脱贫标准，但在"两不愁、三保障"方面仍有刚性需求的，按照脱贫不实进行"回退"，进行整户识别后，继续享受扶贫政策。

"非整户"识别的未脱贫户整改方式如下。

（1）整户算账人均收入达到脱贫标准，并能够实现"两不愁、三保障"要求，重新评定不能进入贫困户的，进行整户剔除。

（2）整户算账人均收入达不到脱贫标准，在"两不愁、三保障"方面有刚性要求的，重新评定能够进入贫困户的，进行整户纳入。

三　相关要求

1. 落实责任。在本次精准识别"回头看"工作中，各乡镇党委、政府和扶贫办要切实履行工作职责，驻村第一书记、帮扶干部、村"两委"干部要对贫困户信息数据的真实性、准确性负全责，并对信息、数据进行认真整理，形成翔实可靠的基础档案。凡拟纳入建档立卡的贫困户，对其主要致贫原因要深入剖析，做出准确判定，为制定有针对性的帮扶措施提供条件。

2.严格程序。"档外贫困人口"识别工作严格按照"农户申请""村民评议""两公示一公告"的程序开展，逐级审核上报。

3.严把时限。本次精准识别"回头看"工作，务必在7月10日前完成，确保相关数据及时录入国家扶贫大数据系统。

突泉县脱贫攻坚指挥部办公室 2017 年 7 月 3 日印发

附录三　2017年10月六户村扶贫工作调查问卷

建档立卡贫困户调查问卷

旗县苏木乡镇嘎查村

被调查者姓名：　　　　识别年份：

调查员姓名：　　　　调查时间：2017年　月　日

一　精准识别

1. 你交过贫困户申请表吗？□是　□否

是否有人来过您家进行过调查？□是　□否

您知道评选贫困户这件事吗？□是　□否

村里开过评选会吗？□是　□否

看到或者听说过贫困户公示吗？□是　□否

您家里是否有扶贫手册和明白卡？□是　□否

调查员判断：识别程序是否规范？□是　□否

二　精准帮扶

2. 您家里是否有有劳动能力的人？□是　□否

如"是"，是否落实了产业帮扶措施？□是　□否

调查员判断：产业扶持政策是否落实到位？□是　□否

3. 您是易地扶贫移民搬迁户吗？□是　□否

如"是"，搬迁房人均居住面积是否超过25平方米？
□是　□否

人均2万元的建房补贴是否到位？□是　□否

搬迁后续产业是否配套？□是　□否

户自筹资金是否超过1万元？□是　□否

调查员判断：易地扶贫搬迁政策是否落实到位？
□是　□否

4.您家有上学的孩子吗？□有　□无

如"有"，是否享受到教育资助政策？□是　□否

调查员判断：教育资助政策是否落实到位？□是　□否

5.你家里所有成员是否都上了合作医疗和大病保险？
□是　□否

家庭成员是否有因病住院的人？□是　□否

住院费用____元，报销____元，报销比例____%。

调查员判断：健康扶贫政策是否落实到位？□是　□否

6.居住的房屋是否安全？□是　□否

如"否"，是否知道已纳入危房改造或移民搬迁计划？
□是　□否

如"是"，房屋是否为危房改造房？□是　□否；
□新建　□维修加固

危房改造实施年份____年；危房改造补贴金额____元；

危改补贴是否到位？□是　□否

调查员判断：住房安全政策是否落实到位？□是　□否

7.是否符合生活救助户条件？□是　□否

如"是"，是否落实了生活救助政策措施？□是　□否

调查员判断：生活救助政策是否落实到位？□是　□否

三　精准退出（未脱贫户不做调查）

8.您是否已经脱贫？□是　□否

如"是"，人均纯收入是否达标（调查员算账）？

□是　□否

是否有因学致贫情况？□是 □否

是否有因病致贫情况？□是 □否

住房是否安全？□是 □否

调查员判断：是否符合退出条件？□是 □否（错退）

9. 是否有人来过您家核实过您的收入、教育、医疗、住房安全等情况？□是 □否

您是否签过贫困户退出确认书？□是 □否

村里是否进行过公示？□是 □否

调查员判断：退出程序是否规范？□是 □否

四 认可度

10. 驻村工作队是否来过您家里宣传扶贫政策？□是 □否

11. 驻村工作队是否帮助村里联系或落实过扶贫项目？□是 □否

12. 您觉得驻村工作队发挥作用了吗？□是 □否

调查员判断：驻村工作队作用发挥是否到位？□是 □否

13. 您家的帮扶责任人是谁？

是否经常来家里了解情况？□是 □否

是否帮助您解决过生产或生活中的实际困难？□是 □否

是否帮助您算过增收账？□是 □否

您觉得帮扶责任人对您有帮助吗？□是 □否

调查员判断：帮扶责任人作用发挥是否到位？□是 □否

一般农牧户调查问卷

旗县苏木乡镇嘎查村

被调查者姓名：　　　　　　　调查员姓名：

时间：2017 年　　月　　日

1. 您家有几口人？

2. 您家的吃穿愁吗？　□愁　　□不愁

3. 您家里是否有大病或长期慢性病人？□是　□否

是否能承担起医疗费用？□是　□否

4. 您家有上学的孩子吗？□有　□无

有无因学致贫、因贫辍学情况？□有　□无

5. 您的住房是否安全？□是　□否

6. 您家 2016 年总收入大约＿＿＿元，其中：种植业收入＿＿＿元，养殖业收入＿＿＿元，打工收入＿＿＿元，土地流转收入＿＿＿元，政府补贴＿＿＿元（通过查看"一卡通"获得），其他收入＿＿＿元。2016 年总支出大约＿＿＿元，其中：生产经营性支出＿＿＿元，其他支出＿＿＿元。

7. 您村近期是否选过贫困户？□是　□否

8. 是否有家里生活很困难却没选上贫困户的？

如"有"，请说出他（她）的名字。

9. 村里对评选结果是否进行了公示？□是　□否

10. 调查员判断：是否属于漏评？□是　□否

判断理由：

附录四 《2017年扶贫对象动态管理工作实施方案（试行）》（突脱指办发〔2017〕35号）

突泉县脱贫攻坚指挥部办公室文件

突脱指办发〔2017〕35号

突泉县脱贫攻坚指挥部办公室

关于印发2017年扶贫对象动态管理工作实施方案（试行）的通知

各乡镇、县直有关部门：

现将《2017年扶贫对象动态管理工作实施方案（试行）》印发给你们，请认真贯彻执行。

2017年11月3日

突泉县2017年扶贫对象动态管理工作实施方案

（试行）

根据国务院扶贫办《关于做好2017年度扶贫对象动态管理工作的通知》（国开办司发〔2017〕36号）和自治区《关于做好2017年度扶贫对象动态管理工作的通知》要求，为做好全县2017年扶贫对象动态管理工作，制定如下方案。

一 工作目标

结合扶贫对象信息采集，开展一次全面摸底清查，对建档立卡工作动态调整，按照"谁识别、谁签字、谁负责"的原则，建立从精准识别到精准退出的责任倒查问责机制，确保摸底清查质量。通过全面摸底清查，动态管理，做到清根见底，应纳尽纳、应扶尽扶、应退尽退，识别和退出精准。

二 方法步骤

（一）制定工作方案阶段（11月3～4日）

各乡镇根据本方案，结合实际，制定切实可行的动态调整工作方案，同时指导各村制定好具体实施细则。

（二）政策宣传阶段（11月3～20日）

在全县范围内，通过在村屯醒目位置张贴公告书、入户走访、广播宣传、发送短信、"党群心连心"微信群等方式，重点宣传讲解贫困户动态调整相关政策，让群众知情，引导群众参与。

（三）入户摸底清查阶段（11月5～10日）

抽调扶贫专干、第一书记、工作队员、包村干部、村"两委"成员等组成调查组，对所有建档立卡贫困户和非建档立卡户逐村逐户入户，一户一户核实，如实填写入户调查表，由农户确认签字（人在县内，但不在户籍村居住，在计划长期居住村参与调查、申请贫困户）。

（四）研判分类处理阶段（11月7～13日）

在摸底清查工作的同时，组织乡镇领导、扶贫办业务骨干、优秀第一书记等从事建档立卡的专业人员对全面摸底清查结果逐户进行科学研判，多方调查核实，多角度思考，多维度研判，科学分类，规范处理。

第一类：一般农户。不符合建档立卡贫困户标准的列为一般农户，在调查表上签字确认，存档备查。作为对所有农户动态调整情况摸底的重要依据。

第二类：新识别户。符合国家扶贫标准而未纳入建档立卡系统的，按照"农户申请－村民代表民主评议－村级公示－乡镇公示－数据比对－县级公告"等程序整户识别纳入。

第三类：错识户。已经纳入建档立卡范围，但不符合建档立卡贫困户条件、识别错误的按程序予以清退。

第四类：发展变化户。识别无误但变化为"八类人群"的标注稳定脱贫，不再享受扶持政策（特殊情况除外）。

第五类：脱贫户。稳定超过国家脱贫标准的正常脱贫，脱贫人数以区盟 2017 年减贫计划为依据，实施整户退出。以凡经过帮扶和自身努力，家庭人均纯收入稳定超过国家现行扶贫标准，不愁吃、不愁穿，饮水安全、义务教育、基本医疗和住房安全有保障，经村民民主评议、村"两委"和驻村工作队核实、帮扶责任人与贫困户认可、公示公告无异议后，可在全国扶贫开发信息系统中标注为 2017 年"脱贫"。

第六类：返贫户。已经标注脱贫但未稳定达到国家脱贫标准的，按照民主程序返贫。

第七类：未脱贫户。未稳定达到国家脱贫标准的继续因户因人精准施策，做好帮扶工作。

2014~2015 年脱贫户的分析研判办法。各乡镇要对照今年 9 月份国家交叉检查、自治区两次交叉检查、暗访发现问题，举一反三，认真核查。特别是对 2014 年、2015 年脱贫户进行全面摸底排查，并分类做好相关工作。一是对于符合"两不愁、三保障、一高于"脱贫标准的，划为稳定脱贫户，不再施策，并告知本人，做好思想引导和政策解答工作。二是对于符合国家脱贫标准，但在生活状态方面还需要巩固加强的地方，从改善居住环境、衣着穿戴、个性诉求等方面入手，继续个性化加以帮助。三是对于未达到国家脱贫标准的，按照贫困户识别标准程序，予以重新识别纳入。

（五）村级民主评议、公示阶段（11 月 13～20 日）

召开村民代表大会，对新识别和退出对象进行民主评议，并于 11 月 20 日前完成村级名单公示（公示期 7 天）。经公示无异议后报乡人民政府审核。

（六）乡镇公示、县公告阶段（11 月 21～30 日）

乡（镇）人民政府对各村上报的初选名单进行审核，确定全乡（镇）贫困户名单，在各村进行第二次公示（公示期 7 天），经公示无异议后报县扶贫办复审，复审结束后在各村公告。

（七）数据录入、清洗阶段（12 月 20 日前）

12 月 20 日前完成数据录入、数据清洗工作。12 月 22 日自治区召集各盟市扶贫办统一核对数据，确保 2017 年 12 月底前在全国扶贫开发信息系统中完成动态调整和信息录入工作。国务院扶贫办 12 月 31 日 24：00 时关网，2018 年 1 月 3 日提取数据，作为对各级党委政府 2017 年扶贫开发成效考核工作的依据。

三　扶贫对象信息采集和录入方法说明

（一）信息采集范围

全县 188 个行政村及行政村内所有自然村（附件 2）和所有农村常住人口（附件 1、附件 3、附件 4、附件 5）。

（二）信息采集方法

1. 贫困户、返贫户、标注脱贫户和新识别贫困户的信息采集。使用《贫困户信息采集表》（见附件 1）采集所有信息。

2. 行政村内自然村的信息采集。使用《自然村信息采集表》（见附件 2）采集所有信息。

3. 贫困户家庭成员自然变更的信息采集。分别使用《贫困户家庭成员自然增加情况表》（见附件 3）和《贫困户家庭成员自然减少情况表》（见附件 4）采集相关信息。

4. 常住户（包括贫困户、脱贫户、非贫困户、居住一年以上本县户籍的外来户）的信息采集。使用《农牧户摸底清查信息采集表》（见附件 5）采集所有信息。

5. 农户家庭收入。计算周期为 2016 年 10 月 1 日至 2017 年 9 月 30 日。

6. 综合研判。根据入户信息采集情况，使用突泉县《农户摸底调查综合研判评分表（样表）》（见附件 6）对所有常住农户进行打分，综合研判农户属性分类。

（三）信息数据录入

所有扶贫对象动态调整变化情况及采集的信息数据录入必须在"全国扶贫开发信息系统业务管理子系统"上开展，坚决杜绝批量导入的情况发生。

四　工作要求

（一）加强组织领导

要进一步提高政治站位，把全面从严治党的要求贯彻落实到此次动态管理工作的全过程，坚持较真碰硬，坚持"扶真贫、脱真贫"。各乡镇、各部门要高度重视全面摸底清查、扶贫对象动态调整和建档立卡信息采集录入工作，"一把手"亲自抓，充分调动各方力量，做好后勤保障工作。组织培训好工作队伍，采取切实有效措施，确保工作顺利开展。同时，要广泛动员群众参与，主动接受社会监督，对于阻挠评选工作正常开展的各类人员，依法依规严厉惩处。

（二）制定切实可用的实施方案

各乡镇要根据本方案，并结合实际，制定本乡镇动态调整工作方案，如对八类人员、拆户、分户、时间界定等贫困户识别细节问题把握不准，参照《突泉县脱贫攻坚指挥部办公室关于印发突泉县贫困人口识别"回头看"工作实施细则的通知》（突脱指办发〔2017〕19号）执行。同时，各乡镇要指导各村制定具体实施细则，明确工作流程、标准、要求。乡镇制定的实施方案要以乡镇政府正式文件报县脱贫攻坚指挥部备案，各村制定的实施细则报送各乡镇审核备案，并与入户调查表等材料作为档案资料，一同存档备查。

（三）坚持标准程序

贫困人口的脱贫退出和识别纳入都要坚持国家现行扶贫标准，既不提高也不降低。凡存在饮水、义务教育、基本医疗和住房安全未保障、易地扶贫搬迁户未入住、帮扶成效不显著等情况的贫困户不能退出。要严格执行贫困退出和识别程序，做好检查验收工作，确保精准识别、精准退出。在贫困人口识别纳入时，要坚持和完善数据比对制度，召开户代表民主评议会议，会议地点分布视自然村分布情况而定。原则上要求该村所有常住家庭每户派出一名具有完全民事行为能力人员作为代表参会，如不能参加，需出具书面弃权证明，与会议记录一同存档，参会人数不能少于总户数的三分之二，通过人数应达到参会人数的半数。乡、村两级公示时间均不得少于7天，村级公示应在村部、公示栏、各屯、社均设立公示点，同时通过村"党群心连心"微信群进行公示，扩大公示范围，保证公示效果。

（四）确保工作进度

为保证对各级党委政府2017年扶贫开发成效考核工作顺利进行，各乡镇务必按本通知所要求的时间节点，调集人力、投入精力、倒排工期，安排好工作进度。绝不允许以任何理由等靠拖延，拖全县后腿。这次全面摸底清查、动态管理工作的进度和质量将作为年底交叉考核的一部分内容。

（五）严把数据质量

盟县扶贫部门将采取有力措施，对此次摸底清查、动态管理信息采集和录入的数据质量严格审核把关，并根据国务院扶贫办信息中心下发的《数据质量报告》指出的问题，组织对以往系统数据质量进行同步核准和校正，以进一步提高全国扶贫开发信息系统数据的真实性和可靠性。

（六）留存过程性资料

各乡镇在开展动态调整调查工作中，要同时做好档案整理工作，并留存会议记录、相关人员签字、公示材料、实施方案等文字材料和开会、入户调查等工作影像资料，分类整理，归档留存。

附件：1.贫困户信息采集

2.自然村信息采集

3.贫困户家庭成员自然增加情况

4.贫困户家庭成员自然减少情况

5.农牧户摸底清查信息采集

6.农户摸底调查综合研判评分（样表）

7.参考文本

附录五 《突泉县 2017 年脱贫攻坚产业奖补实施方案》(突政办发〔2017〕46 号)

突泉县人民政府办公室

关于印发 2017 年脱贫攻坚产业奖补实施方案的通知

各乡镇人民政府，县直有关部门：

现将《突泉县 2017 年脱贫攻坚产业奖补实施方案》印发给你们，请结合实际，认真贯彻落实。

2017 年 4 月 10 日

突泉县 2017 年脱贫攻坚产业奖补实施方案

为确保完成 2017 年脱贫攻坚任务，按照全县脱贫攻坚工作方案总体要求，制定本方案。

一　基本原则

（一）坚持"县指导、乡把关、村落实、户参与"的原则

产业脱贫项目由县指导，乡镇把关，村制定方案，报乡镇初核，报县脱贫攻坚领导小组办公室审核，以村为单位组织实施，尊重贫困户意愿，最大限度调动贫困户发展产业内生动力。

（二）坚持"芦花鸡产业兜底 + 自选菜单提升相结合"的原则

芦花鸡作为基础兜底产业，鸡雏直补到户，企业保底

回收，实现增收。在此基础上，2017年预脱贫户发展其他产业，从菜单中选择产业，政府奖补扶持，培育发展产业，实现稳定脱贫。

（三）坚持"贷款贴息、先建后补"的原则

奖补政策按"预脱贫人口3000元＋贷款贴息"办法，以户为单位实施产业扶贫项目。项目启动阶段，给予贷款支持，按照先建后补的原则进行奖补。

二 产业奖补范围及标准

利用"三到村三到户"资金7216.3万元（2015年"三到"资金结转381.3万元，2016年"三到"资金结转2740万元，2016年非重点村盟级配套"三到"资金结转195万元，2017年"三到"资金3900万元），对2017年度实施的脱贫产业进行奖补（奖补目录见附件1）。奖补范围及标准如下。

（一）基础兜底产业

1.芦花鸡养殖产业。针对2016年以来所有建档立卡贫困户。选择芦花鸡产业，每户最高奖补3800元（按每人3000元核减奖补指标）。

2.扶贫车间培训加工。针对2014年以来所有建档立卡贫困户，选择扶贫车间技能培训的，从培训第11天起每人每天奖补20元，技术熟练后转为计件工资时停止奖补，奖补时限每人不超过5个月，每人最高奖补至3000元。

（二）提升产业

2017年预脱贫户，可以选择养殖业和特色产业。

1.养殖业。能繁牛、马、驴等每匹（头）奖补3000

元；能繁母猪每头奖补 1000 元，10 公斤以上仔猪每头奖补 200 元。

2.特色产业。发展其他特色产业，由村委员会、乡镇政府按程序逐级报批，由县脱贫攻坚领导小组办公室采取"一事一议""特事特办"的方式实施。

三 实施程序

（一）征求意见

由村"两委"和驻村工作队征求贫困户产业脱贫意愿，填写《建档立卡贫困户产业脱贫意愿选择表》（见附件 2），经户主签字确定。

（二）制订计划

根据贫困户意愿，由村"两委"和驻村工作队共同研究制订贫困户产业脱贫计划。由村"两委"和驻村工作队共同负责编制本村产业脱贫实施方案，以户为单位做好脱贫计划。

（三）村级初审

由村"两委"和驻村工作队组织召开村民代表大会，审核本村产业脱贫实施方案，提出审核意见，经驻村第一书记（或驻村工作队队长）审核签字后，报乡镇党委、政府审核。

（四）乡镇复审

村级产业脱贫实施方案由乡镇党委、政府进行复审，并提出复审意见，由书记或乡镇长签字后，以正式文件报县脱贫攻坚领导小组办公室审定批复。

（五）县级批复

县脱贫攻坚领导小组成员单位有关人员对各乡镇上报

的实施方案进行评审，提出评审意见，报县政府批复。

（六）逐级验收

脱贫产业项目实施完成后，乡镇党委、政府对脱贫产业项目逐户进行验收，提出到村到户的验收意见，填写《乡镇产业脱贫项目初验报告》（见附件3），并申请县脱贫攻坚领导小组验收。县脱贫攻坚领导小组成员对产业脱贫项目进行验收。同时，以乡镇为单位填写《突泉县产业脱贫项目验收报告》（见附件4）。

四　保障措施

（一）强化领导责任

各乡镇要把产业脱贫作为重中之重，主要领导要履行第一责任，对脱贫产业项目要上心上手、部署督战，为产业持续发展打好基础。驻村第一书记、帮扶干部和村"两委"要积极为贫困户解决产业发展中遇到的实际困难，确保产业项目落到实处，取得实效。

（二）放大使用资金

产业奖补资金每人3000元，如发展产业资金不足，可用奖补资金存入银行担保，放大3倍借贷，每人可贷款1万元，政府贴息。贫困户不能通过银行征信，其子女、帮扶干部、驻村书记等可以为贫困户担保借贷。同时，鼓励贫困户自筹资金实施产业项目，享受先买后补政策。

（三）强化风险防控

强化资金监管，履行民主程序，逐级审核报批。发展订单产业，降低产业风险，做好产业风险防控，从产业奖补资金中安排风险防控基金，提高风险防控能力。

（四）增强法纪意识

乡镇要与贫困户签订产业发展承诺书，督促贫困户严格遵守承诺内容，如发现有违约现象，一律从严处理。项目实施过程中，一经发现冒领、贪占、套取奖补资金等违法行为，将取消对其进行帮扶，追回奖补资金，并移交司法机关立案处罚。

本方案自发布之日起执行，由突泉县脱贫攻坚领导小组办公室负责解释。

附件：1. 突泉县 2017 年产业扶贫奖补目录

2. 突泉县建档立卡贫困户产业脱贫意愿选择表

3. 乡镇产业脱贫项目初验报告

4. 突泉县产业脱贫项目验收报告

5. 突泉县产业脱贫项目贫困户补助申请表

6. 乡镇产业脱贫项目贫困户补助汇总表

7. 突泉县扶贫产业项目实施流程

8. 突泉县扶贫产业资金流程

9. 突泉县建档立卡贫困户产业发展承诺书

附录六　访谈记录

1. 对贫困户 W 的访谈　2017 年 11 月 8 日

问：评上贫困户后，得到什么扶贫措施？

W：我家 2016 年评为贫困户，当年所有评上贫困户的家庭，每户给一袋米一袋面。春节时给我家 200 元钱。当时让我签贷款合同，我们没签。因为贷款规定让养牛、毛驴，我家养羊，因为羊涨价了，我们不想养牛和毛驴，我们盖羊圈借了不少钱，如果养牛和毛驴盖牛棚、驴圈还得借钱，所以就没签这个贷款单子。只让养牛和驴，不让养羊，如果让养羊的话，我们就签了，因为有现成的羊圈。开始还让养猪来着，我们家报了养猪，因为我家有猪圈，但后来又撤了，不让养猪了。要是不买牛不买驴，贷款不给你，我买了牛和驴放在羊圈还不行，现在羊的价钱一直往上涨，那几只羊还不能卖，羊圈倒不出来。所以我没条件养牛和毛驴。那个（贷款合同）我就没签。当时想，如果他们给一个限额养羊，比如限额养羊 50 只，我都会签的，用贷款把羊买来，和我现在的羊一起养。但是包村干部都这么说，没有养羊的项目，养驴驴皮值钱啥的，养牛也值钱。上次来调查的问我打算哪年脱贫，我说我明年想脱贫我脱不了，原因是我能养的不用再投资的养不成，你们让养的我没条件养，你说我怎么脱贫吧。

问：为什么只让养牛和毛驴，为什么不让养羊和猪呢？

W：不知道。我寻思是没有养羊的名额了吧。

一位邻居插话说："村书记家做毛驴的买卖，从外地买驴，卖到村里，所以扶贫就上了养驴的项目。"

问：对你家的危房改造有什么具体措施吗？

W：今年春天我家想盖了，和我姐借的钱，不能抬钱（指民间高利贷），抬钱不越陷越深嘛。钱张罗得差不多了，定下4月20日扒房子。然后我去村里找赵书记去了，他说："这次有你家，盖吧，正好现在有这个政策，得点儿是点儿嘛，抓紧盖吧。"等我准备扒房子的时候，又去村上问要不要给房子照相，别扒了后没照相，整错了，一问赵书记，说这批没有我家。借来的钱别搁手里掐着，我赶紧还回去了。等第二批说有我家，我家没盖上，因为我姐家孩子买车把钱花了。咱也不知道人家咋整的，头批二批的，今年我家的房子就是没盖上。如果这次调整我家从贫困户中拿下来，这房子就盖不成了。

我家孩子读初中，说贫困户的学生有补助。户口本、身份证都复印，都拿到学校去了，现在什么也没得到。

2.对贫困户 H 的访谈　2017 年 11 月 9 日

我今年62岁，2015年评为贫困户。过年时给了一袋米一袋面，端午节给了一箱奶、一袋面和一桶油，给孩子买了一个书包，买了几本书。我家有 4 口人，一个外孙女，是留守儿童，14 岁了，爹妈离婚后都结婚了，孩子的爹妈都不要孩子，孩子小时候我就开始养了，一个是有癫痫病的老伴，一个女儿。贫困户评上了，但不知道是咋回事，想着有照顾呢。房子是 2014 年下半年"十个全覆盖"时盖的，因我家房子在路边，总过车，房子太破了，这样会影响市容，队长来了说：今年你家盖吧，不盖明年就没有了。是抬钱（指民间高利贷）盖的，连暖气啥的都算上一共花了 8 万多呢，现在还欠着 3 万多的饥荒呢。盖完后给了 19700 元，因老伴有病花了不少钱，当时盖房子一点钱也没有，全是抬钱盖的，所以这 19700 元都还饥荒了。因为盖房光照相就照了好多回，每次照相要花 15 元，照完旧的照新的，但你得去照，不然害怕不给钱呢，我们老百姓不得听人家政府大队的嘛，不然不给钱呢。盖房子时可困难了，拉一堆饥荒，老伴有病拉挺多饥荒，都病 7 年了。读书的留守儿童说是有照顾，也照相了，也复印了，复印的东西，大队学校都给了，但没见到钱。我有三个女儿，没有儿子，在一起住的这个女儿，丈夫在山东打工，他们的女儿 17 岁了，念高二，贫血，每年需要很多医药费，再加上学费，全依靠女婿打工支撑。说这贫困户八成还得给评下去呢，这每家进行投票，人家有家族，妈评儿子，儿子评妈，再不就是家族的，都是老李家的，你评我，我评你，我这没有家族的，你说咱找谁评去，咱们单门独户的没法儿评下来。我们给俩老人养老送终，欠了不少饥荒，要不咋过得这么穷呢，接着三个孩子上学，一直没缓过来，然后就是老伴有病，这些年就跟他这么轱辘着过呢。

3. 村民座谈会　2017 年 11 月 13 日

问：谈谈你们对扶贫工作的看法吧，比如满意度、扶贫措施的落实情况等等。

村民 A：要我看，扶贫这个工作呼声挺高，要求挺高，也挺不好整，谁都想要啊，你也想要他也想要，这些扶贫攻坚的干部也挺辛苦，镇上扶贫工作干部成天待在村上，辛苦也整不明白。现在老百姓的心理你真的弄不明白，以前挺有钱，银行有存款，现在他就穷了，你咋整？像原来就穷，一直穷到现在，但没病没灾的，还得干。像我这 70 来岁了，还当小伙子干呢，你不干行吗？苞米打了一两万斤，一点也卖不了，你不做点儿工行吗？党的政策是好，关心咱老百姓。现在老百姓给钱就满意，不给钱就不满意。给谁谁乐，不给谁谁恼，上面的政策容易下来，但底下不好整啊，整不好就找你来了。

村民 B：这不好整呢，上面的政策下来了，下面就得重视，整多少天也整不完。2016 年的扶贫贷款还没下来呢，说给贫困户买牲口，没钱买的给贷款买，到现在贷款没下来没到位，手续都做了，现在咱们贫困户重评了，下一步该咋办？我说完了，你们大家都说说！

村民 C：贷款手续都做完了，但是没有信儿了，这次重评了，有的贫困户给拿下来了，贷款还能到位吗？

村主任：上次是贫困户的，这次给不给拿下来现在还没定呢，程序还没走完呢，最后还要开户代表会。前天开的群众代表会上的贫困户名单，是通过前几天的入户调查、无记名投票和研判小组的综合归纳，是拟定名单，让你们提出意见参考，不是最终那些人他就进入贫困户了。可以说，在那些人之外也可以进来，不是最终的，那些只是贫困条件高一点的，最后召开户代表会选举决定。如果最终没选上，县里最后会给个答复解释，贷款的事不会不了了之的。

咱们村的贷款为什么没发呢？咱们村一共全做下来是 230 万元，未脱贫的是 206 人，这应该是 206 万元，还有 19 户 50 人，每人 7000 元，这是 35 万元，一共是 241 万元。手续做完了，但有没签字的，有证件复印件不合格的，第一批贷款才下来 84 万元，还有三分之二没下来，现在正在补第二批的手续，贷款会陆续下来。

问：对做好扶贫工作你们有什么想法？

村民 D：想不到那么远。

村民 E：我认为这个扶贫工作，上面规定的政策它太笼统，对下级县也好、镇政府也好、村也好，是冷手抓热馒头，没有一个国家正式规定是从多大岁数开始，它只是笼统的，这让底下做这些工作是相当难做的。这是我在旁边看见的，我不申请困难户，可是在下面突泉县当中的的确确真正有困难户，但的的确确也有不是困难户他就来弄事的。我就说这个事，党中央对这个事情有没有对某一项有个明确规定，有的话你下面工作就好做了。你家有车在电脑上可以查，你和你儿子一起过，一说要评贫困户了，就出去找房住了，就成贫困户了。这样的情况最多了，不仅六户有，其他乡镇都有。国家没有明文出台这个事。最后一句话，大家可能都不爱听，突泉县（扶贫工作）全推翻不评了，就消停了，谁也不争了。

家里儿女都是国家干部，但贫困户报上去了，每年给3000元抚养费，一个国家干部，一个月开六七千，一年才给你父母3000元抚养费。你还有大病，你生你儿女了，他们为什么不给你掏治病的钱？

你的儿子在外地都可以当老板了，你怎么还穷得叮当响呢？还有的的确确任劳任怨，老伴得的重脑血栓，而且花了好几万，自费还花好几万，还评不上。还有儿女都不是挣工资的，都是农村人，这样的人评不上。我不参与评贫困户，我就说这个事。

村民A：这些贷款不分给个人使用，由村集体使用办个厂子，组织贫困户去那里干活，开工资，那不好整点儿吗！非要给钱啥的，因为这个钱，都抢红眼了。

村民G：我说一点吧，我今年72岁，家属68岁，刚出院，脑出血3处。这次选贫困户时我跟着选的，选到晚上8点多，深一脚浅一脚的，选完我票数最多，但后来贫困户没有我，我就问了，你是脱离群众还是相信群众？你要填这个表，走半宿有啥意义？票多的还不行了，票少的还上去了，你说这对谁解释去？跑了半宿，还不按这个办，这不是劳民伤财吗？

村民H：你家的事和我家的事一样。我老父亲89岁，马上90岁，我们七队，流动票箱投票时是我领着走的，我是13票，票数最多，但不按这个办。我老父亲户口是单立的，应该是贫困户，但为什么不是贫困户呢？给我的解释是，虽然户口是单立的，但是他没自己做饭，你在一起过就是八类人员。你说他都快90岁了，能自己做饭吗？有的人家就把老人撵出去了，让他自己过了。

村民I：你说按岁数大的、按大病评贫困户可以，但他们的子女都成贫困户了。我今年72岁了，还得伺候有病的老伴，地想种也种不了了，老伴离不开人呢！

多位村民："这也整不好了，咋整咋不行。""反正困难的吧还上不去，不困难的吧稀里糊涂还上去了。""政策不到位。""有政策，符合政策的还评不上，开粮店还得到米了，没开的还没得到，这不好解释。""老实巴交、不闹事的还好说，不老实、爱闹事的，不符合政策的，总来找、总计较、总干仗，村里给整没办法了，就给他算一个贫困户了，这种情况还得有。咱不好意思来闹，不给领导找麻烦，人家可豁出去了，人家不怕磕碜。你解释，跟他解释不明白，都不听你解释。"

村民J：这领导干部真没少受辛苦，起早贪黑地，你看到现在还没下班呢，都没吃饭呢。领导干部入户调查一共三次，尤其那个第一书记许明，天天走，经常入户，一家都去好几次。

村民K：还有一种情况，后迁来的户，在原来居住的地方有地，新迁来到这儿后，没有地，评上了最高等级的低保户，一年拿3300元，再评贫困户吧，人家地也没有、啥也没有，还能评上了，因为是低保户。

村民L：评贫困，这上面就得有明文规定。你说光棍儿爱打架的，你还得给人家贫困户。老实巴交的啥也捞不着。能干的、老的快入土的啥也捞不着。年轻的啥也不干的天天没正事，玩麻将，还捞着个贫困户，啥都捞着了，越穷越有理，共产党的好处他享受一辈子。能干的白干，越能干越啥也没有。

村民M：就是咱北方缺企业，如果办个企业，贫困户去企业干活去，他们肯定就不这么争了。现在啥企业没有，就给钱儿，家庭条件不好的就争起来了。

村民A：头一回评上来的，下回就不好评了。那有得到大棚、钱、毛驴的，一看这是真给啊。现在不像以前了，原来不知道能给啥，现在是真给，就争得厉害了。你看明天让社员开大会，得打起来。有的给啥，啥也不要的，当三年兵，啥也不要。有的岁数大的，争贫困户时喊的声很高，但是给他小鸡让他养吧，他说干不动了，没有粮食喂，就靠养着了。人家别人去地里捡苞米还能捡几百斤呢，他干嘛？不干！勤快人靠捡地（秋收后，去捡别人家不要的散落在地里的粮食）都能吃上饭。像有的贫困户把地包出去，自己不种地，但也不去捡地呀。你说这种人怎么整，不好整。

村民D：有的人家既是贫困户也是低保户，啥都得到了，能不能匀开呢？一家是低保户了就别再是贫困户了，一家是贫困户就别再是低保户了。咱这儿穷，连个厂子都没有，我40多岁，把地侍弄完了，想找点事做干点啥，都没地方干去。我们家5口人，3口人的地，每人2亩来地，2个孩子，大的17岁，小的10岁，都上学，两个孩子都没地，就靠地咋活呀，不得打工吗？大孩子都17岁了还没有地，还是黑户呢。

村主任：像你这种情况多了。1997年承包以后，按照国家的文件是5年一小调，30年一大调，但突泉县始终没按这个文件走，5年不调，到现在是20年，始终没动，生的不添、死的不去，现在的情况是有的人家2口人，种着5口人的地。现在新增加新分出来的户都没有地，凡是嫁进来的都没有地，嫁出去的地都保留着。岁数大的是第一轮承包，咱们岁数小的是第二轮承包，第一轮承包到期还有10年，到期后继续延长30年，就是说他们的土地承包权还有40年。实际上就是土地不变了。科右中旗就是按照国家5年一小调、30年一大调的政策执行的，比如，六户的姑娘嫁到中旗，就有两份地，六户和中旗都有地。

村民I：假如再延长30年，地不动的话，那活人都没地，死的都有地。

村民N：第一次评的贫困户老百姓对它的分歧太大了，现在动态调整呢，如果按第一批评上的贫困户给政策，那就更不公平了。第一批是稀里糊涂评的，没想到还会给贫困户这些东西，老百姓一看给的东西太多了，给钱、给盖房子、给毛驴、给盖大棚，就开始争了。现在给政策的就不能再要回来了，要是算账的话，他脱贫了，可是这次又评上了。

问：第一次评贫困户是怎么评出来的？

村民 L：第一次评是给谁都行，给他他可能还不要。原来的贫困户国家或共产党没给过贫困户一瓶矿泉水，老百姓当时不争贫困户。现在一看是真给呀。第一次评的时候，是党员领着，挨家调查的，看看你家的经济条件，问你家有啥有啥，心眼多的就说我家啥也没有，心眼实的就说了我家有啥有啥，像有养小鸡、有学生的都打分，然后就算分了，从分数高的往分数低的挑，后来开了群众代表会通过一下，就确定贫困户了，谁也不知道挑出来还能建档立卡啊，还给政策呀。当时是按人口给的贫困户指标，也是家家摊的指标，你家 8 口人给你 3 个指标，你家 5 口人给你 2 个指标，那次就稀里糊涂了，那次也没人争。以前是谁穷谁让人笑话，现在是谁穷谁好，这次要像上次一样，得出人命！

问：那时候公示贫困户名单了吗？有疑义和纠纷吗？

村民 A：公示了，在村部的一个小犄角旮旯贴了，也没人去看。没人争也没有纠纷。那时候评的贫困户一家给一袋米、一袋面就结束了，有领到的、有没领到的、也有不是贫困户的领了，也产生了一些矛盾。

问：脱贫工作怎么做老百姓才能满意一些？

多位村民："脱贫攻坚不好做。一开始做产业就好了，现在里一半外一半的，有得到毛驴的，还有没得到的，还有得到没给钱的，你说谁能做好这事呢？现在已经弄得五花八门了，夹生饭了。""先得把贫困户识别准了，召开群众大会，在大会上比谁穷，群众眼光是亮的。""越比会越僵，会打起来的。""入户调查有三四次了，情况也基本属实了，在家庭条件一样的情况下，谁上谁下，不好把握。""把贫困户贷款集中起来，办个产业，如养牛或毛驴，贫困户每家出个劳动力，到产业里干活去，拿工资，这事情就好办了，老百姓也就不争了。"

4. 对六户镇镇长夏继武的访谈 2017 年 2 月 13 日

对六户镇扶贫工作的构想：

六户的优势：无空气污染，利于种植业发展。

从产业的角度：

发展种植业。发展水田种植水稻。利用蛟流河河水和打井开发地下水（地下水位比较低，10 几米就见地下水），进行水稻的种植。目前机井已经打好，正在接电到井，利用电抽取地下水灌溉水田。现在在六户村和巨合村试点。采取机械化作业，搞大农业集约化经营，在种植业上让一些有能力的人带领一些种植水稻的农民致富脱贫，解决脱贫问题（这个考虑主要来自种植玉米不挣钱了，因为粮食价格受 WTO 的影响后，价格放开，玉米没有了国家的保护价，国外玉米的进口又占了中国市场的份额，于是种植玉米已无钱可赚。在今天调查的7 户贫困户中种玉米赔钱的呼声很高）。

发展养殖业。贫困户通过向银行贷款买奶牛，然后交给一个有经验的养殖公司来经营奶牛，年终贫困户能拿到分红，养殖公司还向保险公司买保险，用政府提供的资金做抵押，分散风险来经营。

发展庭院经济。进行凉棚和暖棚的反季节种植，或者养殖鸡、鸭、鹅等，通过产品深加工，可将蔬果和禽肉再加工。

对不同类型扶贫对象采取不同的措施。

其一，对有劳动能力的人，通过激励和责任机制，使其摆脱贫困。具体措施：可参股种植业，通过大农业的劳动获得收入。也可通过园地开发凉棚和暖棚种植，通过禽类饲养提高收入。

其二，对无劳动能力的人，可通过土地流转将自家土地出让给大农业集约农业经营获得收入，也可贷款买牛。

其三，对于劳动能力不强的人，可通过打扫卫生、护林员的工作获得收入。

5. 对六户镇党委书记陈振兴的访谈　2017 年 12 月 4 日 16：09~16：47

问：以前我的调查是从基层贫困户开始的，这次计划从扶贫干部的层面进行调查。您抓扶贫是从哪年开始的？抓了多久了？

C①：我是2014年开始接触扶贫工作的，开始我是在突泉镇，开始抓的时候没这么实、这么严，现在是抓得越来越紧、越来越严、越来越实了。那时主要针对的是15个重点贫困村，现在是所有的贫困村都有了。

问：这些年扶贫工作的困难在哪里？

C：扶贫要扶志和智这两个方面，现在老百姓看的都是物质、眼前利益，他们自我发展的内生动力还是不足。

问：这种不足是来自贫困户个人的原因还是外在的原因？

C：都有。现在整个农村的经济都不景气，种植业、养殖业都不好做，项目也难找，缺信息、缺资金；再者，贫困户都是老弱病残的多，缺少劳动力。

问：现在六户村已进入公示阶段，这次动态调整工作已进入尾声，您从开始到现在一直参与其中，我想了解一下这次六户村比对工作是怎样进行的？

C：一开始是拿出名单来，听村三委的意见，看看贫困户到底是啥情况；然后还有（帮扶）干部入户了，对户的情况有个直观的了解，但干部回来一说谁家困难应该纳入（贫困户），但村干部说：你去的那是旧房子，人家还有新房子呢，后院的新房子也是他家的。这就是说，干部入户了解的情况还是不透彻的。通过结合村干部、村三委、村上老百姓的意见，这样了解得就会全面一些。开始我们让村干部拉个单子，把最困难的户兜上

① C为陈书记的回答。

来，包括原有的贫困户和准备新识别的最困难的户。然后我们和各个社的党员、村民代表议议，看这些人作为贫困户行不行，一社到六社这六个社都挺认可的，到七社，村民代表就提出来了他妈为什么不能进？其实按"两不愁、三保障"他母亲进不来，他提出的理由是，她岁数大了以后，身体越来越不好了，那得让她进。这样就被七社打断了。打断以后，我们觉得即使我们认为你是贫困的，但一旦有攀比的时候，我们拿不出一把尺子来对比，看不出谁就比谁贫困。

问：遇到这种情况是最不好办的了，然后怎么解决了呢？

C：然后，这时县里召开了一个会，就是有的乡镇利用"大数据系统"（县扶贫系统都这么称呼这个平台），系统中有收入、支出、核减，这样把收入来算一下，然后决定把这个系统学过来吧。拿过来后，就把村原有的贫困户和申请的贫困户放入了"大数据系统"算了一下，当时把3200元作为一个分水岭，用这个标准往下卡，结果发现，和我们开始提出来的名单有80%~90%是吻合的。这里感觉美中不足的是，有大学生家庭的，但户主年龄比较小的、没有别的硬伤的他就进来了。我们想开户代表会，看能不能把这样的户主年龄比较小、条件比较单一的，就是因为有大学生的户，通过户代表会把这样的户筛选下去。这样就召开户代表会，当然六户村的户代表会特别难召开，参与度不高。当时我们考虑村部的楼和社区的楼两个会场同时开，还真就是最难的是七社，争得比较厉害，因为采用的是选候选人的方式，有的人一看候选人里没有他，他就不让选了，中间出了点波折。不让选的话（只针对七社），就拿票箱入户吧，后来票箱入户选出来的结果还可以，我们认为不合适的真的就选下去了。然后和驻村第一书记商量，既然这样选的还挺公正，就把原来参与会场（选举）的人数不足的那几个社，也可以（流动票箱）入户，这样老百姓参与的面广了，就会出现公正的结果，这样就拿票箱入了一次户又选了一次。这次选的就没有七社选的理想，感觉人情票、家族票挺多。正好县里的文件也说了，不能绝对地以票而论，我们就请县扶贫办的、政府办的一起组成了一个综合研判组，从生活的实际情况像大病、癌症、残疾、卧床等方面综合考虑，把不符合的，别看你票高也拿下去，这时的压力是挺大的。村初次公示之后，是乡镇审核，县扶贫办的主任说，咱们审核的时候就可以把偏的纠正过来，这样我们在审核的时候，六户村一共报上 38 个人，又做了一次调整，调整下去七八个人，觉得确实困难的边缘户，人缘不好，跟各家各户又不来往，或者本身智力有问题，这样的人老百姓不选他，我们把这样的户放进来了，现在是第二次公示。

问：看来这的确是很难做的事情，主要还是贴近事实、贴近现实，投的票也不一定是唯一能做依据的。

C：标准就是"两不愁、三保障"，但"两不愁"都能做到，"三保障"就是住房、医疗、上学，各家各户说法就多了。你看住房是保障安全了，但看病花销多少钱；虽然能供孩子上学，但他是借钱供的；等等。所以，这些隐性的东西不好判别。比如，有的说我家借了多少多少钱，有的说你看他家房子不好，但他家还往外抬钱呢等，这些东西不好界定。

问：假如知道这些隐性的情况，怎么就能把这些户剔除呢？

C：那就是征求老百姓的意见，然后研判组就下决心。

问：那一定会产生矛盾，怎么去解决？

C：就是把他确定为一般户，没当上贫困户的，县里出台了"牧业再造突泉"的政策，给贴息贷款，拉开他们之间的政策悬崖，形成阶梯形的，贫困户有贫困户的政策，一般户有一般户的政策。

问：老百姓接受这个政策吗？

C：就是正经过日子的吃苦耐劳的，他认可这件事。游手好闲的坐等政策红利的这些人还是不认可。

问：好吃懒做的，家里又比较贫困的这部分人怎么对待呢？

C：有些村对这部分人不纳入，有些村考虑他们的实际情况不得不纳入。

问："大数据系统"究竟是怎么回事？

C：它就是把家庭中的土地、养殖等都换算成分，还有劳动力系数，它是对应你的年龄、身体状况像大病、慢性病的，一交叉出来个劳动力系数，然后根据当地的人均年收入乘以劳动力系数，算出多少项后相加，算成收入。然后你有大病的核减多少钱，重大残疾的核减多少钱，家有大学生的、有危房的核减多少钱，就是这样一个系统，是一个综合生活水平的研判，不是收入的研判。

问：为什么要引进这个系统呢？

C：当时就是为了面对群众质疑的时候，有一把尺子说话。在比对中，把它作为一个环节，但没作为最终的结果。

问：在调查中，百姓反映比较多的是扶贫措施没有到位，这是怎么回事呢？

C：一个就是当时做贷款时，百姓的信息像身份证出现误差，在银行通不过，得重新核对，咱们34个村，做一轮下来就得1~2个月，再把这些有失误的再重新弄，这样时间一转下来就慢了。另一个就是，有的自己想买大牲畜，有的想参与企业分红，在选择企业的时候必须慎重。企业都想参与，有了资金链，企业可以运转起来，但是我们是用扶贫资金，所以，我们在选择企业的时候必须慎之又慎，这影响了施策进度。然后又开始动态调整，施策的事就又搁浅了。

问：在这些年的扶贫工作中，您觉得最难解决的困难在哪里？

C：还是老百姓的攀比，他们提起来就是"我家就是全村最困难的"。

问：在这个问题上，又是怎么做得让百姓接受和理解扶贫工作？

C：我们反复入户做工作，宣传政策。现在政府办的又在六户村入户呢。把告知书发给百姓，告诉他是哪类农户，解释他为啥没评上贫困户，"两不愁、三保障"他都达到了等，进行政策宣传。

问：您从实际参与扶贫工作的这个角度，谈谈怎么才能把扶贫工作做好呢？

C：要是像什么"软件"都少些，把精力都放在施策上，也可能还是更好一些。把帮扶干部很多的精力都解放出来，让他们多入户、多走访、多帮着想实际性、可操作性都很强的主意。现在帮扶干部的很多精力都弄到弄档案这些软件上了。

问：这包括什么？

C：什么户档案、村档案、明白卡、三本账。

问：为什么要弄这些档案？

C：上级扶贫办要求的，一级一级要求下来的。这可能是想从档案上体现整个从贫困到脱贫的过程，可能初衷是那样，但效果没有达到那样。

问：我觉得尤其是个女干部，做这个工作的确是太难了，面对这么一个复杂的工程。

C：你也听说了吧？我们这个班子也调整了。

问：嗯，那是因为百姓的满意度问题？

C：因为交叉互检时，我们不都是排在后面吗？（说这话时，她捂了一下脸）然后这次动态调整进度又比较慢。

问：百姓的满意度低，其实是在一个比较长的时间内形成的，不是在一两个月内就会很快提高的。可能许多地方满意度都不会高吧，六户村百姓的满意度可能一直都不会高吧（我在试图安慰她，群众的满意度低，责任不该在她身上）。

C：六户村是个特殊的地方，居住的人员五方杂地的都有，思想上跟别的村也不一样。

问：现在您还主抓六户村吗？

C：嗯，主抓，这两天这头不是有变动嘛，镇上的事也多，这两天我过去的少，最后人员定下来了，我就过去了，前天晚上我过去了。

问：扶贫办主任也讲，填表格占用了很多精力，不如把这些精力真正放在实施措施上。而且，这些检查从国家级到省级、到盟市级、到县乡级都有，巡查、督查、互检、暗访应接不暇。扶贫工作需要专门做扶贫工作的人来搞，而且在一线的才能对扶贫工作有个深入全面的了解。好像一些来做检查的人是临时抽调的，所以，常常提一些不切实际的整改意见。本来我们经过多次会议研究讨论了一个可行的方案，结果检查的一来就给否了，否了之后提出来的整改意见往往是不可行的。像这样的事情是比较多的吧？

C：也就……嗯。

问：这是第三次"回头看"吗？为什么要"回头看"？

C：两次。上一次是6~8月，那时候也是为了把数据系统弄纯粹一点、干净一点，把有些不符合贫困户的拿出去，外面漏评的拿进来。但是，有的没做到位。

问：对六户村这次的动态调整，您是从头跟到尾，对这次工作您有什么体会?

C: 就是越到细的时候越难，细到比两个人谁进谁出的时候考虑得越细，感觉这刀越难切。比如画大框时，大病、重残、危房这样都可以纳进来，大病比完之后比慢性病，六户村得脑血栓的特别多，这家一个脑血栓、那家一个脑血栓，这两家要是都纳入的话，然后十家、二十家都得进来，都不纳进来呢，感觉他们行动不便、生活也挺难，到这个时候，感觉特别为难，各户千差万别。

再一个难就是非整户识别。以前可能是一家5口人，老两口年纪大了还有重病，这老两口够贫困户条件，但他们和子女生活在一起，子女有劳动能力，而且条件相对好一些，比如有车、有大型农业机械，这些都是硬性指标不允许纳入的。所以，在这时候看老两口在不在贫困户里，如果在那就要全部纳入，但纳入呢，条件又欠缺，如果把老两口剔出去又感觉到他们年纪大了，还需要医疗等各方面的政策。

问: 这样的户怎么办?

C: 就放在整体的研判中，如果条件够，就整户纳入，如果条件不够就整户剔出。这个整体衡量也是一个难题，这不像1+1=2那么简单，综合考量的时候，就靠村干部的智慧和一个正直的心。

问: 两户都有脑血栓，谁进谁出怎么研判?

C: 把病历拿来，看他自费的部分是多少，看家庭经济负担哪个更重一些。

问: 看今后治病哪户需要更多的医疗费吗?

C：所以，难就难在这儿！到现在为止，都只能看已经发生的，对未见的还不好把握。

（这时有人敲门，要陈书记去新上任的王书记办公室。过了一会儿，陈书记从王书记办公室回来，把声音压得很低说："书记要找我开会，县里给我们派来一个第一书记，今天就到这儿吧。"）

问：好的，谢谢！

结束了 38 分钟的访谈，从镇政府大楼出来，夜幕已笼罩了天空，12 月的东北地区已是滴水成冰。还有些想了解的问题，因陈书记去开会而终止了，而这个终止却是永远不能再开始了。有关"陈振兴书记事件"的相关事宜，可见《财经周刊》2018 年第 2 期以及财新网记者孙晓琦的报道。

参考文献

曹立、石霞主编《小康路上一个不能少》，人民出版社，2017。

范小建主编《中国农村扶贫开发纲要（2011~2020 年）：干部辅导读本》，中国财政经济出版社，2012。

方迎风、张芬：《多维贫困视角下的区域性扶贫政策选择》，武汉大学出版社，2015。

《脱贫攻坚——基层党组织怎么干》，人民出版社，2017。

高帅：《贫困识别、演进与精准扶贫研究》，经济科学出版社，2016。

〔美〕亨利·乔治：《进步与贫困》，吴良健、王翼龙译，商务印书馆，2010。

刘任平、刘兰星：《精准扶贫中的龙头企业模式及其运行措施》，《企业改革与管理》2018 年第 4 期。

李雪龙：《精准识别的十大问题（上、中、下）》，微信公众号"脱贫攻坚与乡村振兴"，2017 年 9 月 16 日。

林毅夫、〔喀麦隆〕塞勒斯汀·孟加：《战胜命运：跨越贫困陷阱，创造经济奇迹》，张彤晓等译，北京大学出版社，2017。

李小云、许汉泽：《2020 年后扶贫工作的若干思考》，《国家行政学院学报》2018年第1期。

〔法〕蒲鲁东：《贫困的哲学》，余叔通、王雪华译，商务印书馆，2000。

10∶17论坛组委会秘书处：《扶贫开发与全面小康——首届10∶17论坛文集（上、下册）》，世界知识出版社，2015。

吴大华、叶韬、张学立等编《反贫困：社会可持续与环境可持续——生态文明与反贫困论坛（2014）》，社会科学文献出版社，2015。

王文长主编《少数民族地区反贫困：实践与反思》，中国社会科学出版社，2016。

王小林：《贫困测量：理论与方法》，社会科学文献出版社，2012。

汪洋：《紧紧围绕精准扶贫精准脱贫　深入推进脱贫攻坚》，《行政管理改革》2016年第4期。

习近平：《在深度贫困地区脱贫攻坚座谈会上的讲话》，新华网，2017年8月31日。

习近平：《摆脱贫困》，福建人民出版社，2014。

闫坤、刘轶芳等：《中国特色的反贫困理论与实践研究》，中国社会科学出版社，2016。

杨秋宝主编《2020：中国消除农村贫困——全面建成小康社会的精准扶贫、脱贫攻坚研究》，北京古籍出版社，2017。

左常生主编《中国扶贫开发政策演变（2001~2015年）》，社会科学文献出版社，2016。

中国国际扶贫中心、联合国开发计划署驻华代表处编《国际减贫与发展论坛集粹2007~2011》，中国社会科学出版社，2013。

中共中央、国务院:《中共中央国务院关于打赢脱贫攻坚战的决定》，2015 年 11 月 29 日。

中共中央组织部干部教育局、国务院扶贫办行政人事司、国家行政学院教务部:《精准扶贫　精准脱贫——打赢脱贫攻坚战辅导读本》，党建读物出版社，2016。

后　记

本课题组在 2017 年 2~12 月，曾先后四次到内蒙古兴安盟突泉县六户镇六户村进行调研，第一次主要集中力量做了 60 份问卷调查，后面几次调查以深度访谈为主，访谈对象包括村民、村委干部、六户镇扶贫干部以及突泉县扶贫办的干部。因基层扶贫工作的紧迫，调研工作常常不能如期进行，有时被迫中断，有时趁着扶贫工作的间隙进行。调查工作不能说做得不够深入，然而，扶贫工作纷繁复杂、千头万绪、千差万别，若要把基层的扶贫工作状况全面彻底地调查清楚，摸清来龙去脉，调查组深感不是一件易事。在课题组调查的时限内，通过问卷和深度访谈的调查，力争把视野所触及的扶贫工作的各个方面展示出来，以记录下中国历史发展进程中一个发生了的社会事实。但由于客观条件的限制以及个人能力所限，不能全面深刻地挖掘和呈现社会现实，也是一种遗憾了。

在课题组调查的第三、第四阶段，正值全县上下开展贫困人口识别"回头看"工作，亲自目睹了县、镇、村各级扶贫工作干部以及一些村民"5+2，白＋黑"的夜以继日、连续作战的工作节奏，常常入户调查、检查复核问卷、开会讨论到深夜。

但也能感到扶贫干部的担心和顾虑。社会调查期间，课题组成员曾被某些干部疑为上级暗访人员，从而导致课题调研工作被迫放缓和延迟。

课题组调查期间，得到六户村村长刘伟、村支部书记赵玉学、第一书记许明，六户镇扶贫办负责人李亮、人大主席贾玉鹏、镇长夏继武、镇党委书记陈振兴，突泉县扶贫办主任屈彤年以及多位六户村村民的大力支持和帮助，是他们的支持和帮助使调查得以深入开展并顺利完成。在此对各位给予的帮助和支持致以深深的谢意！

值得提出的是村长刘伟同志，这位在六户村工作近20年的村干部，对六户村的生产生活以及扶贫工作是了如指掌，能信手拈来各种历史数据，复原扶贫脱贫工作的具体过程。他接受了课题组的多次访谈，时长共计15小时之多，为课题调研提供了深入、丰富、细致的六户村扶贫脱贫工作的第一手质性资料。另一位是县扶贫办主任屈彤年同志，他面对和把握的是全县的扶贫工作。在2个多小时的访谈期间，有十几个电话打过来，有工作安排电话，有基层咨询扶贫工作的电话。这里要专门提一下咨询电话，通过这个片段可以了解基层扶贫工作的一个侧面。如有人咨询家里养着羊，但是家里有读书的学生，要不要进贫困户。还有咨询小孩和祖父母住在一起，但户口不在一起，其父母已经多年联系不上，对小孩已失去了做监护人的作用，培养小孩的责任完全由其祖父母承担，那么这户要不要进贫困户。在他这里似乎就能找到识别贫困户的标尺和依据，这一现象的背后一定是他对扶贫政策把握的精准度和对基层扶贫工作的谙熟度做支撑的。在时间紧、任务重的百忙之中，屈主任在时间上慷慨解囊专程接受课题组2个多小时的访谈，为课题调研提供了基层扶贫工作的活生生的第一手资料，使课题调研又多了一个深入调查基层扶贫工作的角度，丰富了调研的内容。在此对他们所给予的支持和配合致以深深的谢意！并对他们的敬业精神深表钦佩！

我还要感谢六户中学的王铁军副校长，是他的雷厉风行以及引导使问卷调查工作得以顺利如期完成！还要感谢在读的大学生荣小荣、王宁以及门汇纳等同学在课题前期工作中的帮助和支持，是他们的聪慧努力，使问卷调查工作得以高质量完成！

还要感谢的是我的家人，是他们操持起并不谙熟的家庭负担，全力支持了我千里之外的调查工作。从2017年2月开始到2017年底，我先后四次去突泉县和六户村做调研，完成了总课题组所部署的各项任务。时年正值儿子高考，这对绝大多数中国家庭来说是件头等大事！儿子如愿考入了中国最高学府，我们获得双丰收！这与夫君和吾儿肩上扛得起的分量息息相关。

嵇平平

2018 年 5 月

后记

图书在版编目（CIP）数据

精准扶贫精准脱贫百村调研. 六户村卷："两挂车"
"三张网"实现脱贫 / 嵇平平著. -- 北京：社会科
学文献出版社, 2020.10
　　ISBN 978-7-5201-7521-0

　　Ⅰ.①精…　Ⅱ.①嵇…　Ⅲ.①农村-扶贫-调查报告
-突泉县　Ⅳ.①F323.8

中国版本图书馆CIP数据核字（2020）第209447号

·精准扶贫精准脱贫百村调研丛书·

精准扶贫精准脱贫百村调研·六户村卷
　　——"两挂车""三张网"实现脱贫

著　　者 / 嵇平平

出 版 人 / 谢寿光
组稿编辑 / 邓泳红
责任编辑 / 薛铭洁

出　　版 / 社会科学文献出版社·皮书出版分社（010）59367127
　　　　　　地址：北京市北三环中路甲29号院华龙大厦　邮编：100029
　　　　　　网址：www.ssap.com.cn
发　　行 / 市场营销中心（010）59367081　59367083
印　　装 / 三河市东方印刷有限公司

规　　格 / 开　本：787mm×1092mm　1/16
　　　　　　印　张：15.75　字　数：155千字
版　　次 / 2020年10月第1版　2020年10月第1次印刷
书　　号 / ISBN 978-7-5201-7521-0
定　　价 / 59.00元